忠诚党的教育事业

△1958年9月20日,郭沫若校长在中国科大成立暨开学典礼上致辞

△1958年9月20日，聂荣臻(右一)、吴玉章(右二)、郭沫若(左二)、郁文(左一)等参观校园

△1958年9月20日,郭沫若(右)、晋曾毅(中)陪同聂荣臻(左)参观无线电系仪器工厂

◁ 1958年9月20日，郭沫若、郁文参观学校机械厂

◁ 1958年12月31日，郭沫若在元旦献礼大会上致辞

△1958年12月31日，郭沫若（左一）、郭永怀（左二）在元旦献礼大会会场

△1958年12月31日，元旦献礼大会上郭沫若与全体师生互送新年祝福

△1959年4月，郭沫若（前排中）、郁文（前排左三）在学校第一次党代会会议期间接见学生代表

△1959年4月,郭沫若(右四)、郁文(右五)同学校第一次党代会学生代表在一起

△1959年9月8日，郭沫若在1959级新生开学典礼上致辞

▽1960年8月31日，郭沫若在1960级新生开学典礼上致辞

△1960年8月,郭沫若和郁文在食堂与学生共进午餐

△1961年5月1日，郭沫若、华罗庚接受小朋友献花

△1961年5月1日，郁文（前排左一）、郭沫若（前排左二）、华罗庚（前排左三）、严济慈（前排左四）等在操场观看学生演出

△1962年4月22日，郭沫若与学生在北京市八大处留影

▷1962年6月，陈毅副总理（左二）与郭沫若校长在校园里交谈

▷1963年7月14日，郭沫若在首届毕业生典礼上朗诵校歌

◁1963年7月14日，聂荣臻(前排右一)、陈毅(前排右二)、郭沫若(前排左二)等与首届毕业生合影

△1963年12月,郭沫若(左二)陪同国家体委副主任荣高棠(左一)参观学校

▽1977年8月,郭沫若(右四)会见参加第一次中国科大工作会议的代表

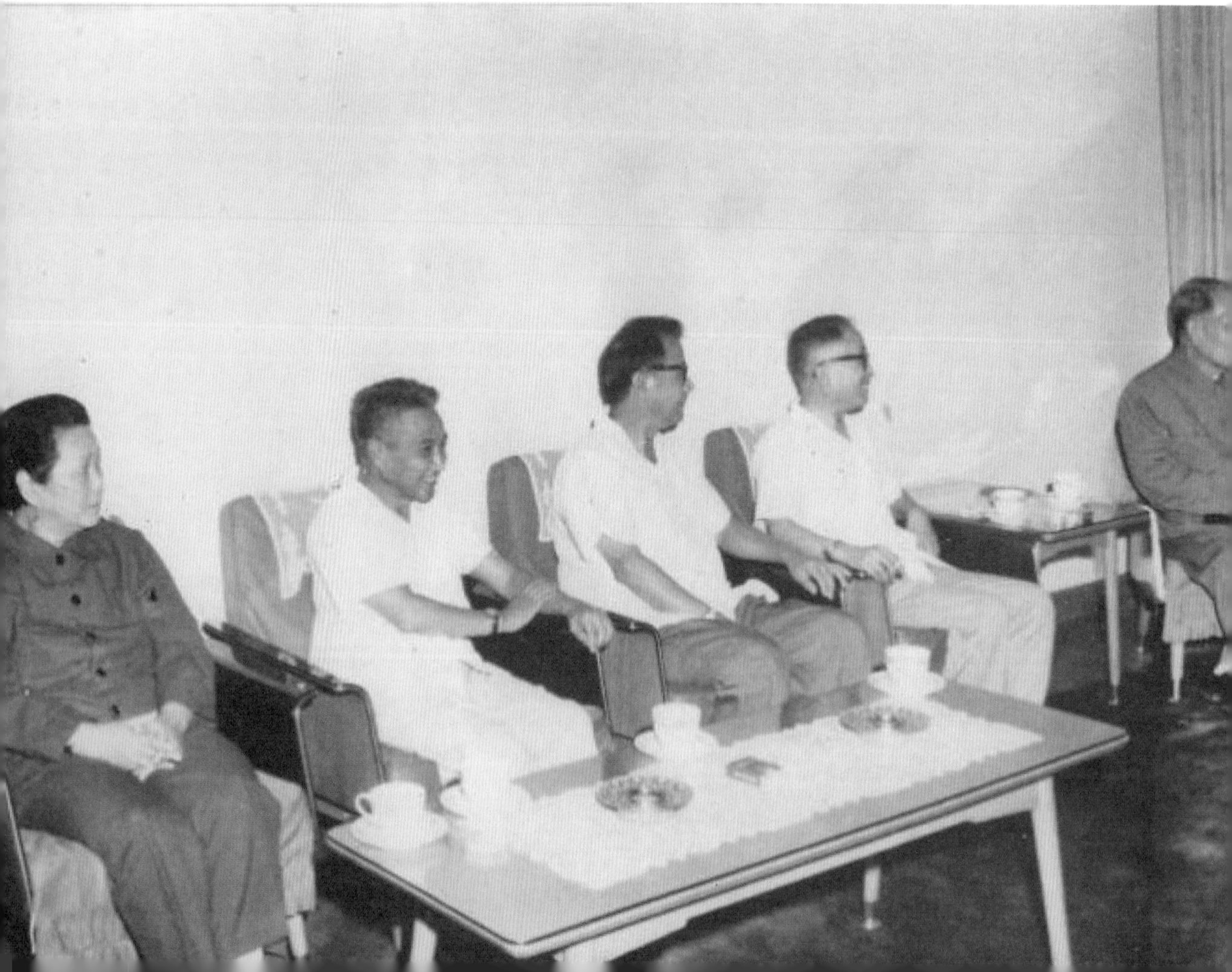

△1977年8月，在第一次中国科大工作会议期间，郭沫若与严济慈亲切握手

△郭沫若在学校办公室工作

▽郭沫若帮助学生修改剧本

△郭沫若与学生亲切握手

▽郭沫若走进会场

档案里的中国科大先生

郭沫若

大爱铸魂

主　　编　杜江峰
执行主编　方黑虎

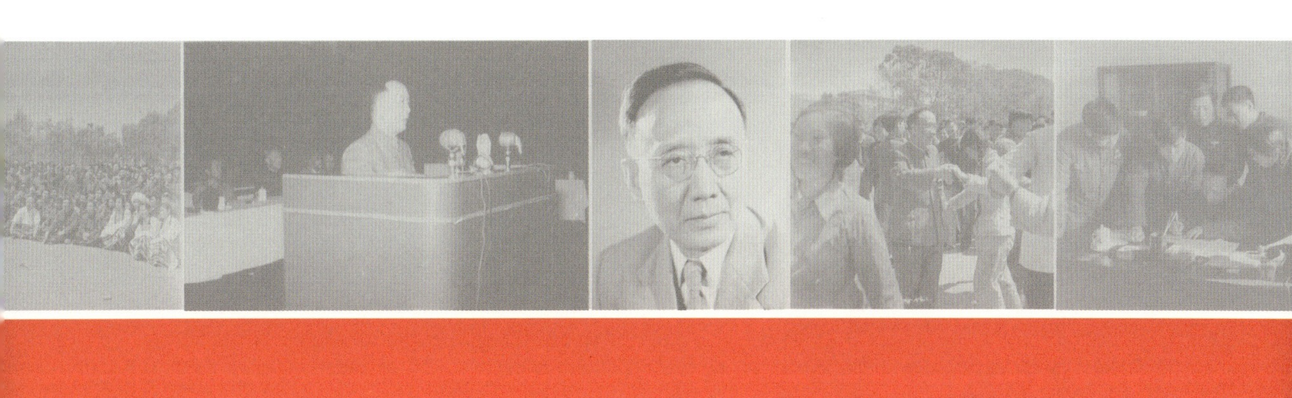

中国科学技术大学出版社

内 容 简 介

为纪念中国科大创始人之一、首任校长郭沫若先生诞辰130周年，本书以中国科大档案文博院馆藏档案为主体，收集了涉及郭沫若与中国科大有关的档案并有序编排，共分为致辞讲话、短文寄语、题词手迹、来往书信、任职文件、大爱永存、附录七个部分，通过原始档案，真实、客观地展示了郭沫若在中国科大的办学思想与实践，充分体现了他的远见卓识和非凡才华以及对年轻学子的诚挚关爱，使读者更深刻地了解郭沫若对中国科大作出的卓越贡献，并从一个侧面反映了中国科大的早期历史，希望能对促进我国高校的管理和发展带来一些启示。

图书在版编目(CIP)数据

郭沫若：大爱铸魂/杜江峰主编.—合肥：中国科学技术大学出版社，2024.3
ISBN 978-7-312-05902-5

Ⅰ.郭… Ⅱ.杜… Ⅲ.①郭沫若(1892—1978)—生平事迹 ②中国科学技术大学—校史—史料 Ⅳ.①K825.6 ②G649.285.41

中国国家版本馆CIP数据核字(2024)第043066号

郭沫若：大爱铸魂

GUO MORUO: DAAI ZHUHUN

出版 中国科学技术大学出版社
安徽省合肥市金寨路96号，230026
http://press.ustc.edu.cn
https://zgkxjsdxcbs.tmall.com

印刷 安徽国文彩印有限公司

发行 中国科学技术大学出版社

开本 787 mm×1092 mm 1/16

印张 11.75

字数 181千

版次 2024年3月第1版

印次 2024年3月第1次印刷

定价 68.00元

编 委 会

序

郭沫若先生是中国科学技术大学的主要创建者之一、首任校长（1958—1978）。2022年是郭沫若先生诞辰130周年，中国科大档案文博院将郭沫若先生担任校长期间留存在中国科大的相关档案资料汇编成册，在深切缅怀老校长的同时，也展现出中国科大初创时期的发展轨迹。

郭沫若先生在任中国科大校长的20年间，主张实施“全院办校、所系结合”的办校方针，提出科学与技术相结合、教学与科研相结合、理论与实践相结合的办学原则，率领全校师生艰苦创业、勇攀高峰，使中国科大在建校第二年即被列为全国首批重点建设高校，为学校持续发展奠定了坚实基础，更为今日中国科大加快建成中国特色、科大风格的世界一流大学创造了有利的发展条件。

郭沫若先生在任中国科大校长的20年间，始终关心学校的文化建设，秉持“忠诚党的教育事业”信念，确立“勤奋学习、红专并进”的优良校风，倡导“红专并进、理实交融”的校训理念，主张“我们的学校应该有适当的弦歌之声”。他以文学家和诗人的魅力深刻影响了中国科大的人文风貌，也为学校孕育“科教报国、追求卓越”的科大精神打下了牢固的根基。

这本书全面汇集了郭沫若先生参与创建中国科大及其与学校早期发展相关的档案资料，其中部分资料属首次公开。它们准确记录了郭沫若先生在办校方针、校风建设、学科发展、人才培养等方面重要的办学实践，也处处闪烁着郭沫若先生对于如何办好中国高等教育的真知灼见，同时从侧面见证了早期中国科大人努力奋进、不断创新的昂扬风貌。

“既要专能深，还要红能透”，中国科大作为新中国为“两弹一星”事业创办的一所红色大学，将始终坚持中国共产党的领导，立足中华民族伟大复兴战略全局和世界百年未有之大变局，心怀“国之大者”，潜心立德树人，执着攻关创新，始终“迎接着永恒的东风，把红旗高举起来，插上科学的高峰”！

杜江峰

中国科学院院士

中国科学技术大学副校长

2022年9月

目录

题词手迹

来往书信

任职文件

大爱永存

附录

郭沫若 大爱铸魂

致辞讲话

继承抗大的优秀传统前进

——在1958级开学典礼上的致辞

（1958年9月18日）

在党的建设社会主义总路线的光辉照耀之下，全国工农业生产大跃进的浪潮正在不断地高涨，划时代的人民公社正在逐步形成和推广，因而新型的共产主义教育制度也正在逐步定型化而见诸实施。在这样全国人民都“精神振奋，斗志昂扬，意气风发”，为建设社会主义，鼓足干劲，力争上游的时候，中国科学技术大学今天正式宣布开学了。

我们的学校是从无到有地建立起来的，筹备工作仅仅费了三个月。在这样短的期间能够基本上筹备就绪，首先要感谢党中央和政府的特别关怀和重视，其次还要感谢各有关机构的大力支援。我们感谢中国人民解放军为我们解决了校舍问题，感谢各省市党委的具体领导使我们完成了招生任务，感谢各有关部门帮助我们解决了干部和设备等的问题。教学计划和教学大纲是在北京大学、清华大学和其他有关学校的同志们的帮助之下，初步拟就的，我们同样表示感谢。

中国科学院是以“全院办校”的精神来从事本校的筹备的。在筹备期间，院所属单位和本校全体工作同志都作了很大的努力。好几百位提前报到的同学们以忘我的劳动，进行了校园的整理和操场的修建，使美丽的校舍，更加锦上添花了。此外，在教职员和同学们的共同努力之下，还建立了制造铁氧体、高锰酸钾、氧化铁、电子计算机和电子学仪器等五个工厂，目前已经先后开始生产。这一良好的开端，明确地证明：只要我们肯作最大的努力，我们是可以平地起楼台的。这样的努力能够继续不断地坚持下去，我们一定能够把学校办好，一定能够不辜负党和政府对于我们的关怀，不辜负各有关部门和全国人民对于我们的期待。

严格地说来，今年是共产主义新教育制度开始的一年。我们的学校是新建立起来的，前无所承，缺乏经验，这是我们的缺点，但也正是我们的优点。毛主席说过：“一张白纸，没有负担，好写最新最美的文字，好画最新最美的画图。”（《红旗》第一期第3页）我们的学校如果能够说象（像）[①]一张白纸，就请把它办成为最新最美的学校吧！我们是有各种极优良的条件的，科学院各研究单位的优秀专家都来担任教师，我们的同学是经过严格挑选的中国人民的优良的儿女。院与校是一家，院的各个研究单位、各个附属工场，都是我们的活动场所、我们的试验室、我们的战场。我们既“没有负担”，就正好心情舒畅地按照共产主义新教育制度来办好我们的学校，我们一定能够很快地把我们的学校办成为模范的红专大学，办成为新型的共产主义大学。

为了实现这个任务，在正式开学的今天，根据党的指示，我要向全体同学和工作同志们说明一些原则性的问题，归纳起来可以叫作“三纲五化”，提供给各位讨论，并在今后实践中逐步加以补充和琢磨。

什么是“三纲”？

第一纲，政治挂帅，党的坚强领导。

第二纲，勤工俭学，教学、研究和生产劳动相结合。

第三纲，抓尖端科学技术，为国家建设事业服务。

在社会主义建设事业中，党的坚强领导是占第一位的一条大纲。

---

① 由于档案年份较久，有些字词的写法与现行使用的现代汉语规范有差异，故编者在本书中的不妥之处后用括号标注正确的写法，并用楷体表示。

这是绝对不能动摇的。体现着万能的马克思列宁主义的党，作为无产阶级先锋队的党，应该领导一切，并且能够领导一切。几年来的最新的事实证明：在党的领导下，中国的革命和中国的建设事业，都进行得很快很好。这自然表示着社会主义制度的无比优越性，更特别是党的方针政策的无比正确性。六亿人民的生产力和创造性，在党的正确领导下，得到了全面的大解放。党的方针政策是“从群众中来，到群众中去”的群众路线的成果，是六亿人民的智慧的总结晶。毛主席告诉我们：“只有做群众的学生，才能做群众的先生。”（《毛选》886页）党集中了群众的智慧，故能具有最高度的智慧，故能领导群众，并领导一切。从这里我们尽可以看到突出的领袖人物在革命事业中的领导作用。那便是：最会向群众学习的人是群众最好的先生。马克思、恩格斯、列宁、毛泽东就是最会向群众学习的，他们都是人民的永远的导师。

党中央已经决定：学校的行政要采取在党委领导下的校务委员会负责制。这是极妥当的办法，既有集中，又有民主；既可以广泛地把众人的良好意见集中起来运用，又可以免掉一长制的各种流弊。本校遵照党中央的决定，首先就要贯彻执行这一制度，学校行政由党委领导下的校务委员会负责。校长、教职员和全体同学都必须服从这个制度，服从党的领导，谁也不能例外！

大家知道，党是最善于听取群众意见的，任何同志只要有意见和建议都可以向党提出，凡是好的意见和建议一定会很快地为党所采纳，以促进工作的进展。因此，我们要明确地认识到，要有最坚强的党的领导，才能够保证有最广泛的民主。

勤工俭学，教学、研究和生产劳动相结合，这是我们今天实施共产主义教育制度的一条新的纲领。以前有过封建主义的教育制度，那是为地主阶级服务的。有过资本主义的教育制度，那是为资产阶级服务的。那些为统治阶级服务的旧教育制度，有它们的共通点，便是把脑力劳动和体力劳动划然分开了。所谓"劳心者治人，劳力者治于人"，所谓"万般皆下品，唯有读书高"，这些虽然是封建主义统治时代的话，也完全适用于资本主义统治时代。今天我们应该把这些陈腐的制度完全肃清了。今天是人民掌握了自己命运的时代，是劳动人民当家作主的时代。全民协作，在共同建立最新最美的国家，以保证每一个人能够逐步享受最富裕、最优美的生活。而要创造这样的局面，主要的关键是在劳动，是在体力劳动和脑力劳动的密切结合。学校办工厂、工厂办学校；学校成公社、公社办学校，从两方面来策进这两种劳动的结合，是今天普遍的趋势。从这里工农阶级和智（知）识分子的区别要逐渐化除了，城与乡的区别也要逐渐化除了。这不是太长远的远景，而是在目前已经现出了的共产主义的萌芽，比旭日东升还要快地正在蒸蒸日上。

我们的学校也就要紧紧地抓着勤工俭学这条大纲，实践共产主义的新学制，把生产、教学、研究结合起来，打成一片。我们今后准备采取一、三、八的比例作为每一学年的时间分配，便是一个月休假，三个月劳动，八个月学习。学校已经在开始办工厂了，今后还要办得更多更大。初步计划准备十三个系，各系建立一个小型工厂，全校建立一个比较大的综合性工厂，同时和科学院的器材厂和各所的工厂挂钩，作为一个附属车间或者分厂；这样就使院与校有机地联系起来了。我们还可以有计划地到院外的工厂或者公社去劳动。我们主动地去提供劳动力，就可以得到很大的帮助，学习很多的东西。我们要体会到，劳动是智（知）识的源泉。劳动是锻炼，是学习，是研究，是生产，是创造。从劳动中学习，会学习得更多、更快、更好、更省（省劳力、省时间、省费用）。以前的制度不仅把教学研究和生产劳动分开了，甚至把教学与研究也分开了。教学之后继以研究，许多知识差不多又要从头学起；研究的成果付诸生产，对从事生产者也差不多要从头教起。几套人马，几套手续，甚至于

有时候还不能扣接，所谓“学非所用，用非所学”，研究成果置诸高阁，秘方秘法门外不传或者失传，这样的事情是经常有的。以前的制度，规约了这样少慢差费的办法，人类的进步很慢，这也是一个重要的原因。这样的制度和方法，我们要当成病毒一样坚决、迅速、彻底、全面地把它消灭，并预防受到感染。

我们的学校当然也有我们的特点，党给我们的任务是抓尖端的科学技术为国家建设服务。

近三十年来，世界科学技术有了惊人的迅速的发展，目前已进入了原子能时代，全人类临到了更大规模的生产革命的前夕。当我们在这里举行开学典礼的时候，苏联的第三个人造地球大卫星正在我们的头上旋转，这在目前十分形象化地表示着科学技术的最高尖端。我们要迎头赶上去。中国的科学家们都在作很大的努力。1956年上半年所制定的十二年发展科学技术远景规划（草案），经过最近国务院科学规划委员会的全面检查，已经知道基本上可以提前五年或者七年完成任务。青年研究人员特别表现了惊人的成绩，全国还涌出了不少的土专家，他们的成绩创造出了世界的先进水平。我们的时代的确是一个天才的时代。

为了适应国家建设的需要，中国的科学技术事业必须不断地大跃进，而且要向着两个方向大跃进：一个是向高层突破，另一个是向全面铺开。向高层突破是要向未知的领域突进，揭破自然界的更深的秘密，掌握还在隐藏着的物质和规律，找到钥匙来向自然界的最秘密的宝库中取宝。向全面铺开并不是普通意义的普及，而是把新科学、新技术的成果投入生产建设，投入国防建设，以提高人民的物质生活和文化生活的水平，以保卫革命胜利的成果，以保卫祖国的安全。这样一纵一横的科学技术研究都是我们所说的“尖端”。我们不仅要掌握尖端，还要创造尖端。我们不仅要攀登上科学的高峰，还要不断创造科学的高峰，使高峰高到没有止境。

我们的国家是需要大量的建设人才的，我们必须源源不绝地培养出一批又一批的科学尖兵。各位同学，你们是中国的优秀儿女，国家选中了你们来进中国科学技术大学，学校的任务就是培养你们成为科学尖兵，你们的任务也就是要作为科学尖兵为国家建设服务，而同时也就在为发展中国科学技术服务。你们要在向高层突破的志趣下争取全面铺开，而在向全面铺开的奋斗中争取高层突破。这也就是毛主席所指示的:“在普及基础上的提高，在提高指导下的普及”，我只是换了一个说法。当然，普及的意义我们是要全面照顾到的，既要普及尖端，也要普及基础科学或者一般的科学知识。普及的水平是随人民文化的不断提高而不断提高的。

各位同学的主要任务既是抓尖端科学技术，本校的任务也就在使你们能够多快好省地实现抓取尖端的任务。所以我们的大学是尖端科学加共产主义的大学，也就是又红又专、红透专深的大学。我们希望靠着党委的领导、全体师生和工作同志们的努力，能够切实地做到这一点。我们要高举起红旗，不断地为共产主义事业作先锋，创造出一个共产主义大学的典型。

以上讲了“三纲”，我现在要讲讲“五化”。“五化”是实现“三纲”的步骤或者方法。

什么是“五化”? 便是:（1）思想马列化；（2）生活工农化；(3) 组织军事化；（4）教学集体化；（5）技能多面化。

在党的坚强领导下，教学研究和生产劳动合理地结合了，在这里面自然包含有思想教育，但我们必须把思想教育特别加以强调。学校要注重政治课，个人也要注重思想锻炼。我们务必以红带专，以虚带实，以政治带动业务。经验证明，这样做是有成效的，不然便弊病百出。特别是抓尖端科学技术的人容易忽略政治思想，容易脱离群众，脱离实际，往往插上白旗或者甚至黑旗。所以本校的要求，是全体教职学员的思想都必须努力马列主义化。我们必须学习

马列主义的一些经典著作，学习辩证唯物主义与历史唯物主义，学习毛泽东同志的著作，特别是《矛盾论》、《实践论》、《关于正确处理人民内部矛盾的问题》等。不仅单作书本上的学习，还要联系实际，联系自己的专业善于运用。这样学习的结果，不仅能够巧干，使专业的学习更快、更深、更透，而且利用尖端科学技术的新智（知）识还可以丰富马列主义的内容，而使马列主义向前发展。我们读恩格斯的《自然辩证法》和列宁的《唯物论与经验批判论》，可以看出我们的导师们都是利用了当时的尖端科学的智（知）识来丰富和发展了马克思主义的。这种努力，我们也须学习。

本校值得夸耀的是，在1600名同学中，党团员占了84%。同学们的政治品质和思想水平是有一定的高度的，但我们不能以此自满。我们希望全体同学都能成为党团员，随着年龄和思想的成长都能成为党员，使我们的学校成为百分之百的党校。同学们的政治学习上的努力不仅可以提高自己的思想水平和业务水平，而且同时还可以带动教师们的思想水平和业务水平一道提高。我们的学校便能迅速地发展，迅速地为工人阶级事业作出多而且好的贡献。假使我们疏忽了思想教育，那我们就会犯严重错误，不仅学校办不出成绩来，连已有的政治水平都会降低，那是绝对不能允许的。

我们的生活作风要坚决采取工人农民的姿态。毛主席告诉我们："要以普通劳动者的姿态出现"，我们必须切实地做到。我们要养成艰苦、朴素、勤俭、耐劳、诚实、刚毅、活泼、英勇的作风，和工人农民打成一片。要使我们本身就是工人农民，不是工人农民以外或以上的任何东西。这样，我们也才能够更好地走群众路线，保证我们的思想日益进步，不致蜕化。形式可以决定内容，反过来内容也可以决定形式，两者是辩证的统一。我们的教学研究既然是与生产劳动相结合，我们的生活作风便必须与工人农民成为一体。

本校值得夸耀的另一点是：同学中工农成分的比例比较高，占

95%，超过半数。我们希望工农出身的同学们要起带头作用，不仅把你们的技术智（知）识传授给其他同学们，还要把工农的生活作风象（像）珍宝一样保护着，并影响其他的同学。

非工农出身的同学们更要“见贤思齐”，向工农出身的同学们学习，学习他们的技能，学习他们的生活作风，彻底改换自己的阶级立场，成为有高度社会主义觉悟、有高度技能的新工人、新农民。在这一点上，本校同学中的一小部分革命干部子弟特别要起带头作用，要采取革命的手段使生活彻底工农化。

生活工农化了，是不是说生活就会永远艰苦下去呢？不！很快就要改变面貌。毛主席的号召，要我们“苦战三年，改变面貌”，这是要改变一切的面貌，社会面貌和自然面貌都要加以改变。粮食的大丰收已经使我们在考虑着粮食的综合使用了。象（像）北京这样的旧都市，一大片匍匐在地面上的房屋不久都要站立起来变成高楼大厦。将来的工场会象（像）疗养院，农村会象（像）大城市。黄河要变成青（清）河，黄海要变成青（清）海，大戈壁沙漠要变成万顷良田。今天工人农民所穿的衣服和用具，将来只能在博物馆里面或者画图和相片里面才能看到了。但是，在今天是要艰苦一段时期的，想到了明天的甜今天的苦就会带上蜂蜜的味道。大家一旦形成一种艰苦朴素、刻苦耐劳的风气，那就谁也不能不受影响，不肯艰苦朴素、不能刻苦耐劳的人连自己也会感觉着难乎为情了。青年是特别富于感受性的，同学们必须努力形成这样的风气！

组织军事化，很多学校都已经在实行了。全民皆兵，气势磅礴。本校也决定采取军事化的方法，准备把学习小组和民兵小组结合起来，学习组就是民兵班；各系按人数的多寡编成为若干排、连、营；全校成为一个民兵团，将来人数增多了再扩大成为师。在体育教学中要增加军事训练，我们要成为文武双全的人，一手拿笔杆，一手拿枪杆。有必要时，只要祖国一声号召，我们就能奔赴前线；消灭敌人、消灭战争；保卫祖国、保卫和平。

事实上，我们在平时也可以说是在战争状态。我们是在向自然开战，向地球开战，在不久的将来还要打进外层高空。要进行这些战斗，我们必须有严格的纪律性，军事化是提高纪律性的最好的办法。我们必须体会到：纪律和自由是并不矛盾的，也可以说是矛盾的统一。要有高度的纪律才能有高度的自由。例如，我们身体的生理机能便是有高度的纪律性的，神经系统、循环系统、呼吸系统、消化系统和其它（他）各项机能系统，都有一定的分工而又是全面的协作，在非常严密的秩序之下，井井有条、一丝不乱，这样就保证了身体的健康发展和精神的自由舒畅。但假如有一部分细胞越出常轨，闹独立性，不遵守纪律，那就成为恶性瘤子，结果会把整个身体毁灭，当然更无自由可言了。河水泛滥便要成为灾害，三峡枢纽一经建立便会增加无限的福利。大宇宙的运行也都是在严密的纪律中进行的，再加以合乎规律的人为的控制，便可以更自由地为人类服务。尖端科学便负有这种控制宇宙的使命。毫无疑问，必须有高度的纪律才能有高度的自由。我们体会到了这个道理，在人类社会的组织中就必须自觉地提高我们的纪律性，以保障我们的自由。我们的教育组织采取军事化也正是根据了这个道理。组织的军事化保证了我们行动的战斗化。我们有了高度的纪律，便有了高度的主动性，能够出奇制胜，克服一切的困难，使地球和宇宙都听受我们的调度。

教学集体化是准备采取党委、教师、学生三结合的方针，而在必要时还要邀请劳动模范、战斗英雄和土专家来校讲学或者我们亲自去求教。这就成为党委、教师、学生、群众四结合。土专家的智慧中有尖端科学存在，我们丝毫也不能轻视。这些极其宝贵的经验都等待着我们去提高到理论水平；谁做到了，那就为科学技术创造了新的尖端。我们是丝毫也不能妄自菲薄的。

这三结合和四结合是教学走群众路线的两种方式，校内要集体教学，校外也要集体教学，把整个中国成为一个大学校，一个大实验室，一个大科学院。六亿人民都要成为专家。这并不是空想，而是在不太长久的将来就会呈现在眼前的现实。

校内的教学，在党委领导下，教师与学生的结合是必须特别重视的。古人说“教学相长”，正是这个道理。教师应该边教边学，学生也可以边学边教。青年的集体智慧是十分宝贵的。科学院的各研究所中有不少的青年作出了惊人的成绩。北大、清华和其他大学的同学们所集体创造的成绩，有的更为惊人。最近《红旗》八号登载了清华校长蒋南翔同志的一篇文章，《党的教育方针促进了高等学校的革命》，我想各位怕已经看过了，如果还有人没有看到，务请阅读一遍。那文章里面所举的水利系的毕业同学胜利地集体承担了北京市委所委托的密云水库等的工程设计，实在是一个很典型的例子。北大、清华等大学是我校的大哥、二哥，积累了很多先进的教学经验，我校一定要很好地学习；我校的全体同学们也一定要向兄弟学校的优秀的同学们看齐!

智能多面化就是希望我校的同学们，人人都成为多面手。我们不仅要掌握尖端，而且要有深厚的基础，广博的知识，丰富多采（彩）的技能。

我们要成为亦工亦农亦商亦学亦兵。亦商是要有经济观点。在社会主义制度下的商是生产关系的运输机构，拿人体来作比喻，就等于血液循环系统。它是把养分运到身体各部，而又把用过的废品运到别的系统去再生产的。我们的学校将来会成为大公社。在那时，它是学校也是工厂或者农场，是研究所也是设计院，是工程公司也是供销合作社。在那时，我们是需要同学们有长于经济核算的本领。

我们的多面，除工、农、商、学、兵之外，还可以更多一些。毛主席说过：“搞科学的人应该懂点文学，搞文学的人应该懂点科学。”我看，我们搞尖端科学技术的人尤其应该懂些文学、艺术和各

种体育活动。在红透专深的保障之下，同学们不妨同时成为诗人、画家、音乐家、戏剧演员、运动员或者其他。你看，毛主席不是同时是诗人吗？而且他长于游泳，曾经五次游过长江，造出了历史上空前未有的纪录。新近去世的约里奥-居里教授，他是原子核物理学的权威，而他又是提琴家，会打庭球。象（像）这样的例子举不胜举。

因此，我认为，我们的同学只要不荒废专业，尽可以在文学艺术等方面发挥自己的兴趣。我们的学校应该有适当的文娱活动和弦歌之声。这弦歌之声在我们中国古代是和教学工作联系起来的，我觉得是好的传统，我们今天应该保留着这个传统。我认为，我们的学校也可以搞一个管弦乐队或其它（他）各种文娱小组。我们是在采取军事化的组织的，军队里面不是都还有文工队和军乐队吗？科学研究如果和文艺活动适当地结合起来，我看在我们学校里是有助于实现毛主席所说的“又有集中，又有民主；又有纪律，又有自由；又有统一意志，又有个人心情舒畅、生动活泼的局面”。

最后，我要特别说明一下，我所做的校歌《永恒的东风》，曲谱是请音乐协会主席吕骥同志作的，我相信同学们一定会高兴。吕骥同志是抗日军政大学校歌的作曲者。我们的校歌得到他的作曲，这就使得我们的学校能够有声有色地继承着抗大的传统。抗大是由学员自己在延安挖掘窑洞所建立的大学，毛主席的《实践论》和《矛盾论》就是在抗大的讲义。我要请同学们经常把这件事情提在念头上。抗大的先辈同学们在党的领导下，条件尽管怎样困难而终于取得了抗日战争和中国人民革命战争的胜利，我们同样在党的领导下，条件的优越更无以复加，难道就不能取得文化革命和技术革命的胜利吗？一定能够的！我要请同学们坚决地把抗大的精神继承起来，努力学习，刻苦锻炼，辛勤劳动，大胆创造，团结互助，英勇活泼，不在任何困难的面前低头，迅速地把自己锻炼成为社会主义的建设人才，把祖国建设成为共产主义的乐园。

原文手稿

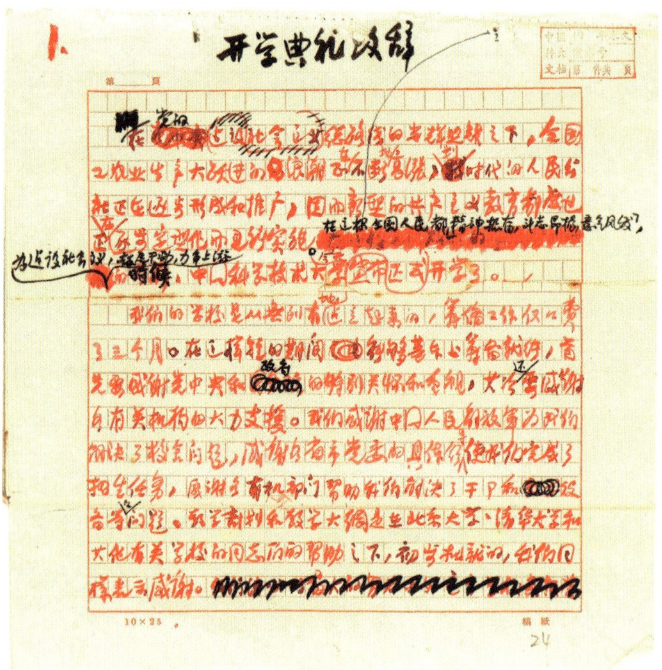

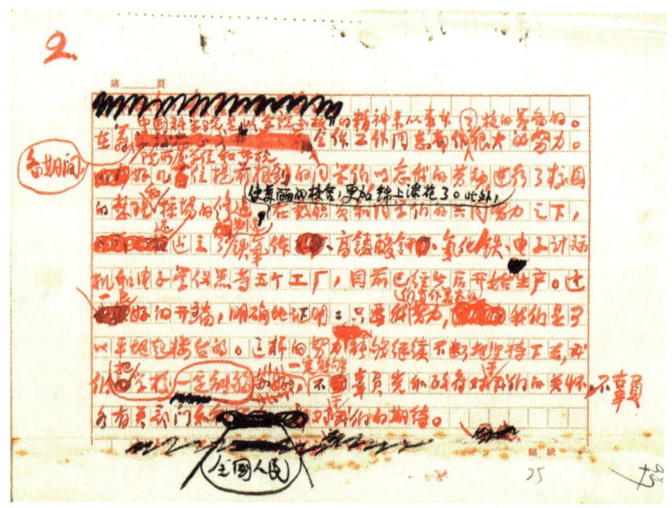

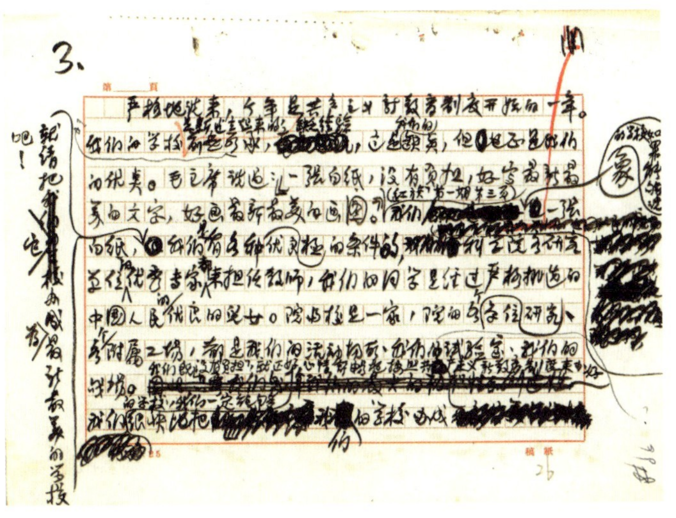

3、

严格地说来，今年是共产主义新教育制度开始的一年。我们的学校……，这是缺点，但也正是我们的优点。毛主席说过："一张白纸，没有负担，好写最新最美的文字，好画最新最美的画图。"我们……一张白纸，我们有各种优良的条件……科学院各研究所的优秀专家来担任教师，我们的同学是经过严格挑选的中国人民的优良儿女。院与校是一家，院的各个研究所都是我们的附属工场，都是我们的实验场所……

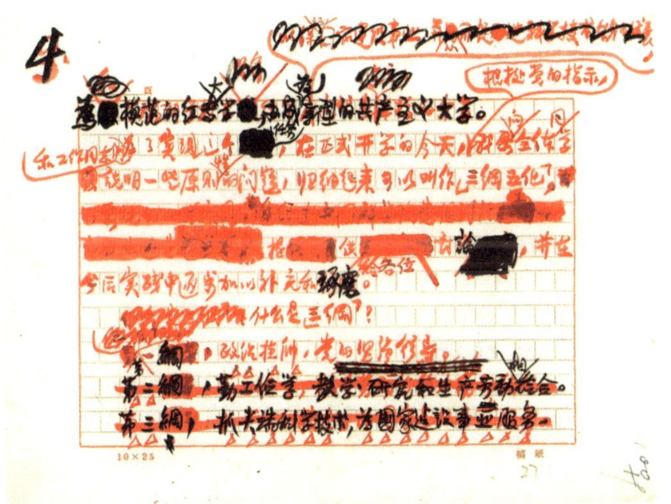

4、

高举毛泽东思想红旗……共产主义大学。

为了实现三个……，在正式开学的今天，向同学们说明一些原则的问题，归纳起来可以叫作"三纲五化"。

……今后实践中逐步加以补充和修改。

什么是三纲？

第一纲：政治挂帅，党的坚强领导。

第二纲：勤工俭学，教学、研究和生产劳动结合。

第三纲：抓尖端科学技术，为国家建设事业服务。

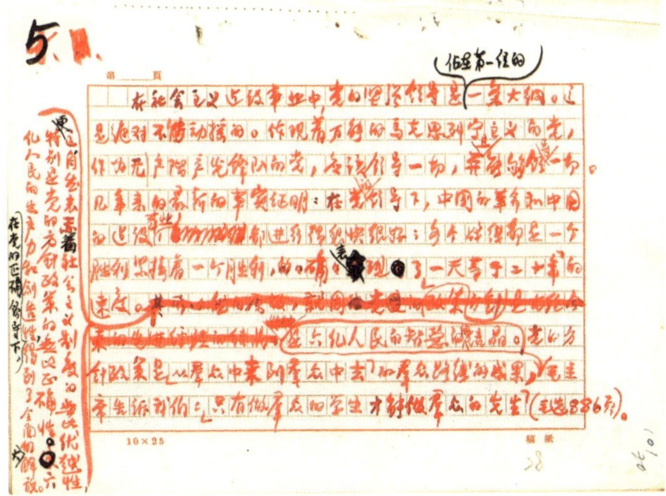

5、

在社会主义建设事业中党的坚强领导是一条大纲。这是绝对不可动摇的。体现着万能的马克思列宁主义的党，作为无产阶级先锋队的党，应该领导一切，并且能够领导一切。几年来的丰富的事实证明：在党的领导下，中国的革命和中国的建设……都进行得很快很好；每个时候都是一个胜利紧接着一个胜利……一天等于二十年的速度。……是六亿人民的智慧的结晶。党的方针政策是从群众中来到群众中去的群众路线的成果，毛主席告诉我们："只有做群众的学生，才能做群众的先生"（选集886页）。

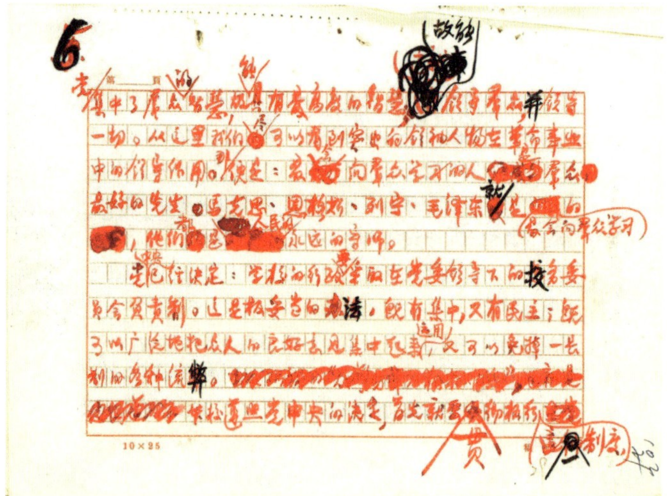

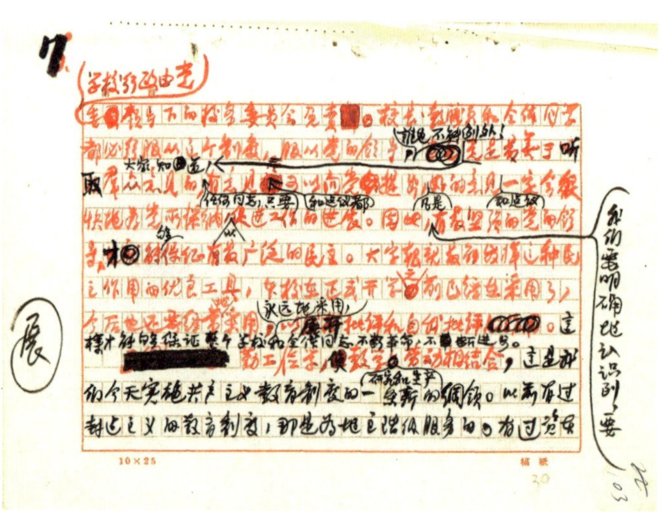

8

主义的教育制度，那是为资产阶级服务的。那些旧的教育制度，为统治阶级服务的，有它们的共通点，是把脑力劳动和体力劳动判然分开了。所谓"劳心者治人，劳力者治于人"，所谓"万般皆下品，唯有读书高"，这些统治阶级统治时代的话，也完全适用于资本主义统治时代。今天我们应该把这些陈腐的制度完全肃清了。今天是人民掌握了自己命运的时代，是劳动人民当家作主的时代。全民协作，在共同建立最新最美的国家，以保证每个人能够过着最幸福、最优美的生活。而要创造这样的局面，主要的关键是在劳动，是体力劳动和脑力劳动

9、

的紧切结合。学校办工厂、工厂办学校；学校办公社、公社办学校，从两方面来实现这两种劳动的结合，是今天普遍的趋势。从这里工农阶级和知识分子的区别要逐渐化除了，城市乡村的区别也要逐渐化除了。这不是太遥远的远景，而是在目前已经出现了共产主义的萌芽，比我们所估计的还要快地在蓬蓬勃勃地向上。

我们的学校也就要紧紧地抓着勤工俭学这条大纲，实践共产主义的新学制，把生产、教学、研究结合起来，打成一片。我们今后准备采取一、三、八的比例作为每一学年的时间分配，即是一个月休假，三个月劳动，八

10、

个月学习。学校已经开始办工厂了，今后还要办得更多更大。初步计划准备十三个系每系建立一个小型工厂，全校建立一个比较大的综合性工厂，同时和科学院的器材厂和各所的工厂挂钩，作为一个附属车间或分厂；这样院与校就有机地联系起来了。我们还可以有计划地到院外的工厂或农业公社去劳动。我们主动地去提供劳动力，就可以得到很大的帮助，学习很多的东西。我们要体会到，劳动是知识的源泉。劳动是锻炼，是学习，是研究，是生产，是创造。从劳动中学习，会学习得更多、更快、更好、更省（省劳力、省时间、省费用）。以前的制度不仅把教学研究和

11.

生产劳动分开了，甚至把教学与研究也分开了。教学之后继以研究，往往知识差不多又要从头学起；研究成果付诸生产，从事生产者也差不多要从头做起。几套人马，几套手续，甚至于有时候还不能衔接，所谓“学非所用，用非所学”，研究成果遭到束之高阁，秘方秘诀门外不传或者失传，这样的事情是经常有的。以前的制度规定了这样少慢差费的办法，人类的进步很慢，这也是一个主要的原因。这样的制度和方法，我们要当成瘟毒一样，迅速、彻底、坚决、全面地把它消灭，并预防感染。

12

我们的学校应当办出我们的特点，党给我们的任务是抓尖端的科学技术为国家建设服务。

近三十年来，世界科学技术有了惊人的迅速的发展，目前已进入了原子能时代，全人类面临到了更大规模的生产革命的前夕。当我们在这里举行开学典礼的时候，苏联的第三个人造地球卫星正在我们的头上旋转，这在目前十分形象化地表示着科学技术的最高尖端。我们要迎头赶上去。中国的科学家们都在作很大的努力。1956年上半年所制定的十二年发展科学技术远景规划（草案），经过最近国务院科学规划委员会的全面检查，已经知道是可以提前五年或者七年完成

10×25　　稿纸

13、

任务。青年研究人员特别表现了惊人的成绩，全国已涌出了不少的土专家，他们的成绩创造了世界的先进水平。我们的时代的确是一个天才的时代。

中国科学技术要以大跃进，向着两个方向大跃进：一个是向高层突破，另一个是向全面铺开。向全面铺开并不是普通意义的普及，而是把新科学新技术的成果投入生产建设和国防建设。向高层突破是要向未知的领域突进，揭破自然界的更深的秘密，掌握还在隐藏着的物质和规律，找到钥匙向自然界的最秘密的宝库中取宝。这样一纵一横的科学技术研究，以提高人民的物质生活和文化生活的水平，以保卫革命胜利的成果，以保卫祖国的安全。

14、

们所说的"尖端"。我们不仅要掌握尖端，还要创造尖端。我们不仅要攀登上科学的高峰，还要不断创造科学的高峰，使高峰高到没有止境。

我们国家需要大量的这样人才，我们要源源不绝地培养出一批又一批的科学尖兵。各位同学，你们是中国的优秀儿女，国家选中了你们来进中国科学技术大学，学校的任务就是培养你们成为科学尖兵，你们的任务也就是要作为科学尖兵为国家建设服务，而同时也就为发展中国科学技术服务。我们要在高层突破的基础下来做全面铺开，而在全面铺开的基础中来争取高层突破。这也就是毛主席所指示的："在普

10×25　　稿纸

15.

及基础上的提高，在提高指导下的普及"，我只是换了一个说法。当然，普及的含义我们要全面地理解，既要普及尖端，也要普及基础科学和一般的科学知识。普及的水平是随人民文化水平的提高而不断提高的。

今后同学的主要任务既是抓科学技术尖端，本校的任务也就在使你们能够多快好省地实现抓尖端的任务。

所以我们的大学是尖端科学和共产主义的大学，也就是又红又专、红透专深的大学。我们希望靠着全体师生和工作人员的努力，能够切实地做到这一点。我们要高举红旗，创造出一个共产主义大学的典型，不断地为共产主义事业作先锋。

16.

以上讲了"三纲"，我现在要讲"五化"。"五化"是实现"三纲"的步骤或方法。

什么是"五化"？便是(1)思想马列化，(2)生活工农化，(3)组织军事化，(4)教学集体化，(5)技能多面化。

在党的坚强领导下，教学研究和生产劳动合理地结合了，在这里面自然包含有思想教育，但我们必须把思想教育特别加以强调。学校要注重政治课，个人也要注重思想锻炼。我们要以红带专，以虚带实，以政治带动业务。经验证明，这样做是有成效的，不然便弊病百出。特别是抓尖端科学技术的人容易忽略政治思想，容易脱离群众，脱离实际，往往插上白旗或者是灰黑旗。所以本校的要求，是全体教职学员的思想都必须努

17.

力马列主义化。我们必须学习马列主义的一些经典著作，学习辩证唯物主义与历史唯物主义，学习毛泽东同志的著作，特别是《矛盾论》、《实践论》、《关于正确处理人民内部矛盾的问题》等。不仅单作书本上的学习，还要联系实际，联系自己的专业并善于运用。这样学习的结果，不仅能够多快好省，使专业的学习更快更深更透，而且利用尖端科学技术的新发现还可以丰富马列主义的内容，而使马列主义向前发展。我们读恩格斯的《自然辩证法》和列宁的《唯物论与经验批判论》，可以看出我们的导师们都是利用了当时的尖端科学的新知来丰富和发展了马克思主义的。这种努力，

18.

我们也必须学习。

本校值得注视的是，在一六〇〇名同学中，党团员约占百分之八十四。同学们的政治品质和思想水平是有一定的高度的，但我们不能以此自满。我们希望全体同学都成为党团员，随着年龄和思想的成长都成为党员，使我们的学校成为百分之百的党校。同学们在政治学习上的努力不仅可以提高自己的思想和业务水平，而且同时还可以带动教师们的思想水平和业务水平的提高。我们的学校必须迅速地发展，迅速地为工人阶级事业作出多而且好的贡献，如果使我们忽略了思想教育，那我们就会犯严重错误，不仅

19.

学校办不出成绩来，连已有的政治水平，都会降低。那是绝对不能允许的。

我们的生活作风要坚决采取工人农民的姿态。毛主席告诉我们："要以普通劳动者姿态出现"。我们必须切实地做到。我们要养成艰苦朴素、勤俭、耐劳、诚实、刚毅的作风，和工人农民打成一片。我们本身就是工人农民，不是工人农民以外或以上的任何东西。这样我们也才能够更好地走群众路线，保证我们的思想日益进步，不致蜕化。形式可以决定内容，反过来内容也可以决定形式。两者是辩证的统一，我们的教学研究既与生产劳动相结

20.

合，我们的生活作风就必须与工人农民同等一律。

本校值得注视的另一点是：同学中工农成分的比例比较高，约百分之五十九，超过半数。我们希望工农出身的同学们要起带头作用，不仅把你们的技术知识传授给其他同学们，还要把工农的生活作风象珍宝一样保护着，并影响其他的同学。

非工农出身的同学们更要虚心向工农出身的同学们学习，学习他们的技能，学习他们的生活作风，彻底改换自己的阶级立场，成为有高度社会主义觉悟、有高度技能的新工人、新农民。在这一点上，本校同学中的一小部分

21.

革命干部不仅要起带头作用，要率领革命的手[illegible]生活化。

生活工农化了，是不是说生活就会永远很苦了呢？不！[illegible]很快就要改变面貌。毛主席的号召，要我们"苦战三年，改变面貌"，这是要改变一切的面貌，社会面貌和自然面貌都要加以改变。象北京这样的旧都市，一大片低矮的房屋不久都要变成高楼大厦，农村会变成城市，黄河要变成清河，荒山要变成青山，大沙漠要变成良田。今天工人农民所拿的工具和用具，将来只能在博物馆里或者相片里才能看到了。但是今天生活还是[illegible]

22.

[illegible]想到了明天的甜，今天的苦就会带上蜂蜜的味道。大家形成一种艰苦朴素、热爱劳动的风气，谁也不能不受影响，不艰苦朴素、不热爱劳动的人连自己也会感觉着难为情了。青年是特别富于感受性的，[illegible]形成这样的风气！

组织军事化，很多学校都已经实行了。全民皆兵，气势磅礴。本校也使全学校军事化的方法，准备把学习小组和民兵小组结合起来，学习组就是民兵班；各系按人数的多寡编成若干排、连、营；全校成为一个民兵团，将来人数增多了再扩大成师。我们在教学中增加军事训练，我们要成

23.

为文武双全的人，一手拿笔杆，一手拿枪杆。有必要时，只要祖国一声号召，我们就要奔赴前线，消灭敌人，消灭战争；保卫祖国、保卫和平。

事实上，我们在平时也是在战争状态。我们是在向自然开战，向地球开战，在不久的将来还要向世界屋脊宣[illegible]。要进行这些战斗，我们必须有严格的纪律性，军事化是提高纪律性的最好的办法。我们必须认识到：纪律和自由是并不矛盾的，也可以说是矛盾的统一。要有高度的纪律性和高度的自由的结合，我们的身体的生理机能便是有高度的纪律性的，神经系统

24

循环系统、呼吸系统、消化系统和大脑皮层的神经系统，都有一定的分工而又是全面的协作，在严密的精神的秩序之下井井有条、一丝不乱，这样就保证了身体的健康发展和增进。但假如有一部分细胞越出常轨，闹独立性，不遵守纪律，那就成为恶性瘤子，结果会把整个身体毁灭，无所谓自由可言了。大宇宙的运行也是在严密的纪律中进行的，[illegible]有严格的纪律才能有高度的自由。我们学到了这个道理，古人类社会的组织也必须确保我们的纪律性，以保障我们的自由。我们的教育[illegible]采取军事化也正是根据这个道理。军事化组织的保证

河水泛滥便成为灾害，三峡把它一段段地送进水力发电站，便会增加无限的福利。

自觉地

便可以更自由地为人类服务。尖端科学[illegible]

25

了我们行动的集体化。我们有了高度的纪律，便有了高度的自由，能够出奇制胜，克服一切的困难，使地球和宇宙都听受我们的调度。

主动性

教学集体化是指采取党委、教师、学生三结合的方针，而且还要邀请劳动模范、战斗英雄和土专家来讲学或者我们亲自去求教。这就成为党委、教师、学生、群众四结合。土专家的智慧中有尖端科学存在，我们绝对不能轻视。农业生产和工业生产上不断放射出高产量的"卫星"。[illegible]传出具有惊人特效的药方，这些放射着光辉的经验都等待着我们去提高到理论水平；继续前进了，那就为科学技术

26

创造了新的尖端。我们是绝对不能看轻的。

这三结合和四结合是教学与群众路线的两种方式，校内要集体教学，校外也要集体教学，把整个中国变成一个大学校，大实验室，大科学院。六亿人民都成为专家，这并不是空想，而是在不太长久的将来就会实现的现实。

校内的教学，在党委领导下，教师与学生的结合是必须特别重视的。古人说"教学相长"，这是真理。教师应该边教边学，学生也可以边学边教。青年的集体智慧是十分宝贵的。科学院的研究所有不少的青年做出了惊人的成绩。北大、清华和其他大学的学生所集体创造的成绩有

27.

的更为惊人。最近《红旗》3期登载清华校长蒋南翔同志的一篇文章，《党的教育方针促进了高等学校的革命》，我想各位怕已经看过了，如果还有人没有看到，务请阅读一遍。那文章里面所举的水利系的毕业同学胜利地承担了北京市密云水库等的工程设计，实在是一个很典型的例子。北大、清华等大学是我校的大哥、二哥，积累了很多先进的教学经验，我校一定要很好地学习；我校的全体同学们也一定要向兄弟学校的优秀的同学们看齐！

培养多面化就是希望我校的同学们，人人都成为多面手。我们不仅要掌握尖端，而且要有深厚的基础，广博的知识，

10×25　稿纸

28.

丰富多彩的技能。

我们要成为亦工亦农亦商亦学亦兵。亦商是要有经济观点。在社会主义制度下的商是生产关系的运输机构，拿人体来作比喻，就等于血液循环系统。它是把养分运到身体各部，而又把用过的废品运到别的系统去再生产的。我们的学校将来会成为大的公社，这里就是学校也是工厂或者农场，是研究所也是设计院，是工程公司也是供销合作社。我们是需要同学们在那时有关于经济核算的本领。

我们除了工农商学兵之外，还可以更多一些。毛主席说过："搞科学的人应该懂点文学，搞文学的人应该懂点科学。"我看，我们搞尖端

10×25　稿纸

29.

科学技术的人尤其应该懂些文学艺术和各种体育活动。在红透专深的保障之下，同学们不妨同时成为诗人、画家、音乐家、戏剧演员、运动员或者体育家。你看，毛主席不同时是诗人吗？而且他长于游泳，曾经多次游过长江，造出了历史上空前未有的纪录。新近去世的约里奥-居里教授，他是原子核物理学的权威，而他又是摄影家[?]、会打庭球。象这样的例子举不胜举。

因此，我认为，我们的同学只要不荒废专业，尽可以在文学艺术等方面发挥自己的兴趣。我们的学校应该有适当的文娱活动和弦歌之声。这弦歌之声在我们中国古代是和教学工作联系起来的，我觉得是好的传统，我们今天应该

10×25　稿纸

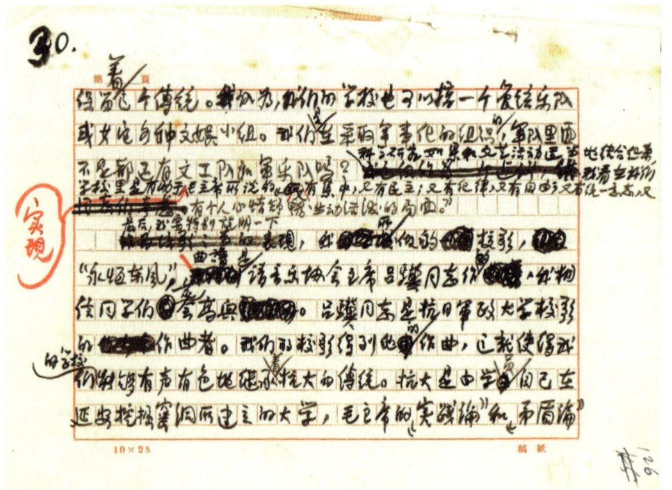

30.

继承着这个传统。我认为，我们的学校也可以搞一个管弦乐队或者其他各种文娱小组。我们是采取军事化的组织的，军队里面不是都还有文工队和军乐队吗？……学校里是有如毛主席所说的"既有集中，又有民主；又有纪律，又有自由；又有统一意志，又有个人心情舒畅、生动活泼的局面。"

在这里，我要特别说明一下……我们的校歌，"永恒的东风"，曲谱是请音乐协会主席吕骥同志作的，……同学们会喜欢。吕骥同志是抗日军政大学校歌的作曲者。我们的校歌得到他的作曲，这就使得我们的学校有声有色地继承着抗大的传统。抗大是由党自己在延安挖掘窑洞所建立的大学，毛主席的"实践论"和"矛盾论"

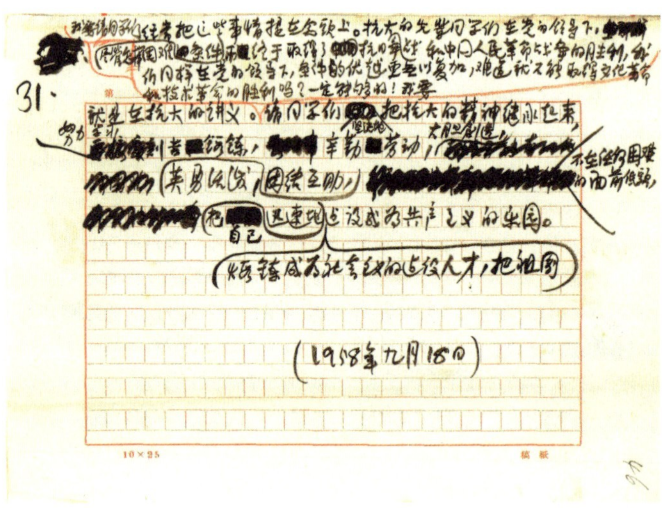

31.

就是在抗大的讲义。……抗大的先辈同学们在党的领导下，尽管物质条件困难，终于取得了抗日战争和中国人民革命战争的胜利，我们同样在党的领导下，条件的优越更无以复加，难道就不能取得文化革命和技术革命的胜利吗？一定能够的！我要请同学们把抗大的精神继承起来，坚决地努力学习，刻苦锻炼，辛勤劳动，大胆创造，不在任何困难的面前低头，英勇顽强，团结互助，把自己锻炼成为社会主义的建设人才，把祖国迅速地建设成为共产主义的乐园。

（1958年九月18日）

档号：1958-WS-Y-13-2

第一届党代会开幕词

（1959年4月15日）

各位代表、各位同志：

中国科学技术大学第一次党代表大会正式开幕了。

我校是在全国社会主义革命、社会主义建设在1958年形成大跃进的形势中创建的。全国文化革命、技术革命正走向高潮。为了发展与壮大工人阶级科学队伍，促进科学事业的发展，我校对党对国负有培养又红又专的科学技术人才的任务，这个任务是光荣而艰巨的。

我校于去年6月4日开始筹备，9月20日正式开学以来，到现在已经将近七个月了。七个月来，在社会主义建设总路线的光辉照耀下，我校党委团结了全体党员和全校师生员工，遵循着党的教育工作指示，在贯彻教育为无产阶级政治服务、教育与生产劳动相结合的方针中，取得了重要的成绩。这次党代表大会的召开就是要检查和总结我校七个月来对党的教育工作方针的贯彻情况，以期更好地执行我们的任务。我们在检查工作和总结经验中，一定要适当地估计在工作中已经取得的成绩，这是我校全体党员、全体师生员工在党的领导下正确地贯彻了党的方针政策的结果，是我们继续前进的基础。但我们同时也要严格地检查工作中的缺点。任何缺点都是我们继续前进的障碍，我们必须努力加以克服，以求不断进步。

肯定工作成绩，检查缺点和错误，全面地总结经验，深刻地吸取教训，以推动我校工作从胜利走向新的胜利，这就是我们这次党代表大会的中心任务。

大会的另一项任务，是要通过民主选举，选出我校新的党委会，加强党的领导，使我们能够得到进一步的保证，更好地开展工作。

为了实现以上的任务，我们一定要进一步学习与掌握党的教育工作指示的精神，科学地分析我校的实际情况，使党的教育方针更好地与我校具体实际结合起来。我们一定要充分发扬党内民主、开展批评与自我批评，加强党的团结，密切联系群众，集思广益，多谋善断，有节奏地使全校员工努力工作、全体同学虚心学习。我们一定要谦逊谨慎，戒骄戒躁，千方百计地克服一切困难，做好工作，争取我校三年打下基础，五年成型。

只有这样，我们才能够巩固成绩，改正缺点，从思想上和行动上团结全党和全体师生员工实现更大、更好、更全面的跃进。

代表们，同志们，让我们为把中国科学技术大学建设成为共产主义大学而不懈地奋斗！

档号:1959-WS-Y-8-4

勤奋学习，红专并进！

——在1959级开学典礼上的致辞

（1959年9月8日）

同学们，同志们：

（一）

今天本校举行本学年的开学典礼，首先我祝贺旧同学们从一年级升到了二年级，新同学们从高中升到了大学，你们就好象（像）由一个山峰又准备登上另一个更高的山峰一样，祝你们不断地胜利，早一天学好专业，为人民服务，为社会主义建设服务，成为红色的专家。

我们的学校是在党的建设社会主义总路线的光辉照耀之下，在去年工农业生产大跃进的气势中，根据教育大革命的明确的方针，新建立起来的。我们是从无到有，白手起家，去年仅仅费了三个月的筹备工夫便把学校的基础奠定下来了。这要感谢党和政府的特别关注，兄弟学校的大力支援，科学院和所属研究单位以及本校全体同志们、同学们的共同努力。科学院是以“全院办校”的方针来创办这个学校的，在人员配备、器材设备和基本建设各方面都优先地照顾了这个新生的单位。因此，我们建校虽然仅仅一年，成绩是显著的。我们的学校，毫不夸张地，可以称为“跃进大学”。它是总路线的一个成果，是生产大跃进的一个纪念碑，是教育大革命的一个试验田。

我们的学校所负的任务主要是为国家培养出搞尖端科学的人才。原有的十三个系都是最近二三十年新发展的科学技术部门，即所谓

“尖端科学”。今年把科学院在去年同时创办的“科学情报大学”合并过来了，成为一个系。科学情报是要把世界各国在科学技术方面的新的发明发现和研究成果，尽可能迅速地详尽地收集过来，向我国科技界传播，以促进我国科技的发展。我们的科技的发展要赶上或者超过国际水平，科学情报工作是十分必要的。要搞好科学情报，工作人员必需（须）具有一定的尖端科学的智（知）识，并要尽可能动员各方面的科学家参加。因此把科学情报大学合并到本校，省得摆两个摊子，是很合理的。

搞尖端科学必须有深厚的基础。没有深厚的基础，向高层突破的尖端是建立不起来的。各位都知道，在沙地上不能建立高大的楼台。所以向高层突破的尖端愈高，它的基础必须愈是深厚。尖端科学的基础是些什么呢？我认为可以分为思想基础、科学基础和语文基础。这些基础都必须认真地逐步打好，然后进一步的（地）专业学习才能胜任愉快，有所成就。

（二）

为了打好同学们的思想基础，今天的教育方针是十分正确的。那就是“教育为无产阶级政治服务”,“教育与生产劳动相结合”。

首先我们要解决为谁服务的问题，我们今天立志搞科学，搞尖端科学，到底是什么打算？准备为谁服务？我想同学们应该是有一定的思想准备的，我们不是为个人名利或为少数人的利益而服务，那样就是资产阶级的思想。我们今天是要为人民服务，为祖国建设服务。我们要掌握科学技术并发展科学技术，用以促进生产，不断提高国民经济的水平，使全国人民能够获得日益幸福的物质生活和文化生活。我们要尽可能迅速地把社会主义建设成功，再过渡到共产主义，从生活资料的按劳分配过渡到按需分配，这就是我们当前的政治。我们当前的政治是党所领导的以工农联盟为基础的无产阶

级专政，我们的任何工作都必须为当前的政治服务，也就是为无产阶级政治服务。搞尖端科学的人尤其不能例外。

要忠诚地为无产阶级政治服务，必须端正我们的思想立场，就是说我们要养成无产阶级的宇宙观，要做无产阶级的知识分子或者有高度知识的无产阶级。为了成为这样，“教育与生产劳动相结合”就是最好、最具体的办法。这是有革命意义的。以前中国旧时代的教育或者现在的资本主义制度下的教育，是和生产劳动分开了的。体力劳动和脑力劳动划然分了家。受高等教育的脑力劳动者不从事生产劳动，而从事生产劳动的体力劳动者没有受高等教育的机会。脑力劳动者是统治阶级，是主人；体力劳动者是被统治阶级，是奴隶。在社会主义制度下人民翻了身，劳动人民不再是奴隶，而是掌握了自己命运的社会的主人了。生产劳动是光荣的事，脑力劳动和体力劳动必须打成一片。这样就可以使自己站在无产阶级的立场，争取到无产阶级的宇宙观，而全心全意地为无产阶级政治服务。

我们所从事的专业和生产劳动相结合，可以有种种程度的不同。有的可以直接发生联系，有的不一定那么直接。譬如理论数学和生产劳动便没有多么显著的直接联系。但不要紧，我们必须从事一定的生产劳动。因为在成为数学家之前，我们必须成为一个良好的社会主义制度下的公民。从事一定的生产劳动，不仅可以获得一些必要的生产技术，而且可以使人容易办到“以普通工人姿态出现”，和劳动人民打成一片，而成为劳动人民的一员。

为实践这项革命的教育方针，本校同其他学校一样，在过去一年是收到很大的成效的。学校自己办了一些工厂，今后还准备扩建，以作为同学们接受劳动锻炼的适当的场所。

除劳动锻炼之外，我们还必须学习马列主义和毛主席的著作，掌握辩证唯物主义与历史唯物主义。学习经典著作，不仅可以帮助我们端正自己的思想立场，而且可以给予我们以怎样做学问、怎样进行科学研究的方法。马列主义的理论学习，同学们在学校的政治课中会逐步深入地得到启发。理论和实际接（结）合起来，把理论表现为实际行动，在实际行动中体会理论，那样就可以保证我们又红又专，而且红透专深。

在打好同学们的思想基础上，我们的学校有一种优点，便是同学中党团员的成分比较多，工农子弟的成分比较多。例如把今年新入学的同学来讲，1403人中党团员占81.6%，工农成分占54.3%。这证明同学们的政治质量比较好，但我们不要自满。我希望党团员的同学们在思想学习和劳动锻炼上特别要起带头作用；非工农成分的同学们要向工农成分的同学们学习。我还希望我们的学校在将来能够成为100%的党团员的学校。

（三）

同学们，同志们，党交给我们的任务是要训练出大批尖端科学的人才。要搞好尖端科学，基础科学如象（像）数学、化学、物理、力学等是不能不重视的。这是尖端科学的科学基础。要把基础科学学好，将来进入专业学习才有一定的根底。我希望你们对于基础科学要好好地学习，认真地学习。

在学习基础科学和尖端科学上，我们学校有很好的教师。科学院和各研究所的有数的专家们都到我们学校里来任课，他们教得很好，启发性很大，二年级的同学们是很清楚的了。我希望同学们要好好地向老师们学习，认真地做好功课，认真地读书。

有的同学有些不正确的看法。有人认为着重思想问题就会抛荒功课，没功夫认真读书。反过来，又有人认为提倡认真读书，是不是会忽略思想工作？抱着这种忧虑的人，他们认为好好读书就好象（像）走白专道路，个人钻研就好象（像）是个人主义。这些看法都是不正确的。我们既不容许忽略思想工作，也必须提倡认真读书。

就是说我们要“勤奋学习，红专并进”，两条腿走路。

在今天，不专不红的懒汉是不能容许的，但只专不红或者只红不专的人也不能满足国家的需要。而且不红则专不能深，不专则红不能透，这是可以肯定的。我们必须又红又专，红透专深，两条腿走路，走到底。

或许有人会问：两条腿走路到底先迈哪一条腿？提出这样的问题，看来是有点呆板的。我们在实际走路的时候，谁也没有考虑过这样的问题。但在红与专的关系上确确实实是有人提出了这样类似的问题，便是——到底是先专后红呢，还是先红后专？我们可以肯定地回答，在今天来说，这两种办法都不行了。在旧时代或者解放初期，先专后红是进步的，因为那比只专不红要好得多。反过来，先红后专也是进步的，因为那比只红不专也要好得多。那时候用一条腿走路是迫不得已，但今天是不行了，你如果还要用一条腿走路，那就只好落伍，不能为国家更好地服务。所以我们必须是两条腿走路——红专并进。既要积极参加劳动锻炼、学习马列主义、学习政策，也要认真学好功课，鼓励个人钻研，发挥个人的自觉性和首创精神，敢想、敢说、敢做。

个人钻研、认真读书不能和个人主义同等看待。这儿包含着为谁服务和站在什么立场的问题。个人主义是为个人名利或者为少数人的利益服务的，是站在资产阶级或小资产阶级的立场。那是应该反对的。今天鼓励个人钻研和认真读书是要为人民服务，为社会主义建设服务，是要人们站在人民的立场或者无产阶级的立场。这两者是绝对不能等同的。当然我们也要警惕：任何理想的东西，只要多走了一步，便会转到对立面去，也就是说好事有可能变成坏事。因此两者的综合平衡，一方面要靠同学们自己善于掌握，另一方面也要靠各级领导帮助同学们掌握。平时走路，一不谨慎也有摔跤子的时候。但不能因为有摔跤子的万一的可能，便不用两条腿走路了。

总之“勤奋学习，红专并进”是很好的办法，不仅在做学问上应该这样，就在做人上也应该这样。我听说新入学的同学们一进校门，看到校内贴出的“勤奋学习，红专并进”的标语便表示高兴，都准备把它作为努力的方向，我觉得很好。我们就请努力照着这样办吧。不仅你们年青（轻）的同学们应该“勤奋学习，红专并进”，就是我们年老的教职员们（包括我自己在内），也应该“勤奋学习，红专并进”。我们大家都用两条腿走路，迈步前进，不做独脚龙。

（四）

现在我想简单说一说打好语文基础的必要。语文有中国语文和外国语文。我们是中国人，应该把中国语文搞好是用不着多说的，同学们是搞科学的，不是搞文学的，但也不能不重视中国语文。譬如你们将来要著书立说或者讲学座谈，总要能说会写，才能把你们的学识传播给别人。外国的科学家，特别是法国科学家，每每长于文笔。我们中国的科学家，似乎有点两样，往往不善于写作。我觉得这是缺点。我建议：我们年青（轻）的科学家应该懂点文学，而年青（轻）的文学家应该懂点科学。这怕也是两条腿走路吧，只是所走道路各有不同罢了。

但我在这儿要特别强调一下外国语文。学科学技术的人应该起码懂得两种外国语文。近代的科学技术，外国人比我们占了先是无可讳言的。我们要吸收别人的先进经验，特别要赶上国际水平，必须精通外国语文，阅读外文书籍，并与外国学者交流经验。要做科学情报工作，尤其要认真学习外国语文。当然，外国人也应该学习中国语文。只要我们可以学习的东西多了，外国学者自然会感觉着有学习中国语文的必要。近年来在外国学习中国语文的倾向是在增加。但中国语文难学，如果外国学者学不好，我们也不必怪他，但我们自己却必须把外国语文学好。在这一点上我们要严格地要求自己，而不必严格地要求别人。年青（轻）时学习外国语文是比较容易的，因此我希望同学们对于外国语文要认真学习。

有些领导上的同志曾经作过这样的建议：本校将来在高年级的班次中，同学们的外国语文有一定的基础了，有些专业课似乎可以直接采用外文课本讲授。我认为这个建议是可以考虑采纳的。这在旧时代倒是经常的事，外国人办的教会、学校不用说，就是北大、清华也大体上是采用外文课本的。站在爱国主义的立场，我们曾经非难过那种现象，认为那是买办教育、洋奴教育。在旧时代那样做的确是应该受到那样的非难。因为在半殖民地半封建社会的旧中国，一切的东西都是外国的好，月亮也只有美国的好，对于本国文化采取虚无主义的态度。那时的教育的确是在为买办资产阶级服务，为洋人服务的。今天不同了，我们如果用外文，那是为了更快地吸收外国的先进经验，更快地促进中国科技的发展，早一天赶上国际水平，更快地建成我们的社会主义。因此，今天如用外文讲课倒是合乎爱国主义和国际主义精神的。其实这种办法在非殖民地的国家也在采用，譬如我自己是在日本的大学里学医学的，在那个时代日本人所用的参考书都是德文，先生在课堂上讲课用的是德文和日文相混合的语言。这样的方法，无疑是促进了日本科学的发展。

所以同样的事态，要看时代，看立场，看用意，不能够同样看待。时代不同，立场不同，用意不同，昨天的坏事今天会变成好事。旧时代用外文讲课是应该反对的，今天如有可能用外文讲课，是值得提倡的。当然，我们还只是在作这样的考虑，并不立地就见诸实施，还要看看情况，斟酌客观的可能，同学们也不必立地就紧张起来。听说外地来的同学，有的人在耽（担）心老师讲的北京话怕听不懂。如果听到我说我们准备用外文讲课，那你们有好大一部分同学恐怕又会耽（担）心的（得）睡不好觉了。我今天把这个考虑提出来，没有别的用意，就是想提醒一下同学们的注意，要重视外国语文的学习，这也是搞尖端科学的基础。你们要有这样的精神准备，争取早一日能精通一两国外国语文，争取早一日能看外文参考书，争取早一日能听外文讲授或用外文写作。那可以保证你们的专业一定可以学得更快更好。

（五）

以上我讲了三种基础，即思想基础、科学基础、语文基础。这些基础，你们在进行学习中一定要逐步逐步地把它打好。学校的教师和各级的领导同志和工作同志也要尽最大的力量帮助你们把基础打好。

我们的校风是好的，就是勤俭办学、艰苦朴素、红专并进、团结互助。旧同学们已经学习了一年，和学校的教职员一道把这种优良的校风初步树立起来了，我们要更进一步把它巩固下去。我们现在新学年开始，又得到了一支生力军，1403位新同学加入了我们的战线。新同学一来，我们的气象又不同了。同学们看来都是意气风发的，你们热爱集体，热爱劳动，努力学习，努力上进。你们看到校园正在赶着建设，有好些新同学一进校门便自动成批地投入了建校工作。听说你们的口号是:“自己盖好房子自己住。”“以实际行动来迎接国庆十周年。”很好！这样的精神表现，很使人感动。我希望你们永远保持着这样朝气勃勃的精神。

我们的学校是新建的学校，仅仅只有一周岁。我们的校舍还在建立，而且这儿的还不是永久校址。这儿因为区域上的限制不能扩建得太大。我们的永久校址，从明年起要在北郊建立，准备可以容纳一万人左右。因此，在这几年期间全体同学都是学校的创建人，你们不仅在创造校园，而且在创造校风，将来还要创造学派。不消说我们的祖国整个都还在创建中，全民都是国家的创建人，你们是负有不小的责任的。所以我们不仅是“自己盖好房子自己住”，而是“自己盖好房子让同志住”；我们是通过建校来建立社会主义和共产主义，通过建校来扩大科学队伍，培养社会主义建设者的红色专家。

因而我们的工作看来是有点紧张的，但也不要害怕。适度的紧张是好事，因为我们不是在搞冷冷清清的修道院，而是在搞前人所不曾做过的轰轰烈烈的伟大的社会主义建设事业。我们要多快好省地办事，就必须鼓足干劲、力争上游。要鼓足干劲力争，看来是不免有点紧张。天安门前的人民大礼堂，那真是一座宏伟的建筑，所用的钢梁有两条就有140吨重，不足十个月就完成了，那真可以说是总路线的大结晶，大跃进的纪念堂。将来同学们会有机会去参观的，你们看了，就立竿见影地看出在党领导下的中国劳动人民的气魄是多么豪迈。那儿在建设期中是轰轰烈烈地（的）、相当紧张的，但在今天看来是坦坦荡荡、井井有条了。

事实是站在旁观者的立场觉得紧张的现象，在当事人却并不觉得怎么紧张。这里有方法问题存在。我们既要苦干实干，也要巧干会干，掌握了客观规律，用科学的方法来推进，有条有理地做去，循序渐进地做去，按步（部）就班地做去，养成了习惯，就可以化紧张为不紧张。凡事是波浪式地进行的，有张有弛，有作有息，当然不能一天到晚24小时都同样工作，那样突击式的办法一两天还可以支持，长久就办不到。学校为同学们布置的是每天九小时学习，八小时睡眠，一小时的体育运动，我看这样按步（部）就班地做去，你的身体会更加好起来，学习会有进步。

工作和休息不是绝对对立的东西，而是对立的统一。工作得好就会休息得好，休息得好也就会工作得好。新来的同学们，你们初进大学，一切都还不习惯，在精神上可能有些不必要的紧张，希望你们把这种紧张局势缓和下来。首先你们不要作无谓的忧虑，怕这样，怕那样，前怕龙后怕虎。这样反而把你们的力量消耗了。有人说过，天地间没有什么可怕的东西，如果有的话，那是名叫“怕”这个东西了。我看这话是有一些道理。天不怕，地不怕，就怕你自己害怕。古人说,“畏首畏尾,身其余几”,你这样也怕,那样也怕,成为个害怕专家,那你还能够作出什么成绩出来呢?

所以我劝新来的同学们,不要作无谓的忧虑,不要怕。毛主席教导我们:“在战略上要藐视困难,在战术上要重视困难。”这是很好的指示。我们在任何困难面前都不要低头,但遇着有什么具体困难的时候,我们一定要聚精会神地千方百计地来克服它,同时还可以请教老师,请教朋友。古人说“精诚所至,金石为开”,那是说一个人把意志力量集中了是可以发挥意想外的作用的,任何困难都可以克服,不怕就是坚硬的钢铁或者岩石都可以把它劈开。意志不集中,那是等于力量的消耗。个人是这样,集体更是这样。从集体来说,集中就等于团结,不是说团结就是力量吗?所以我们要追求意志的统一,有了统一意志便能使个人的心情舒畅、生动活泼。因为我们的力量愈大,掌握客观事物的规律性愈多,我们的自由也就愈广泛了。

我们的学校优点很多,缺点也不少。我听说有一小部分新来的同学有两种不同的感觉。一种是多肯定优点,因而自己隐隐有些优越感。一种是看到缺点,认为所谓尖端大学也不过如此,似乎又隐隐有点轻视。这两种感觉我认为都是不够健全的。前一种感觉会使人骄傲自满而流于怠惰,后一种感觉会使人悲观失望而流于消沉。这些都是一种右倾情绪的表现,我希望我所听到的情况不一定正确。但同学们如果有这样的右倾情绪,最好在它的萌芽就把它摘掉,不要使它滋长。我们要共同努力巩固我们学校的优点,并扩大我们学校的优点。我们要共同努力减少我们学校的缺点并改正我们的缺点。认真说缺点是经常会有的,因为万事万物都在发展中,事物一发展,新的就成为旧的,好的会成为坏的,我们总得要有不断革命的精神,时常推陈出新。

我们有些优点,一点也不要骄傲。学尖端科学和学其他科学乃至做其他任何工作都是一样的。问题要看你是否认真,是否有成就。

凡是认真努力的结果，作出了成就出来，对社会主义建设有所贡献，不论你成绩的大小，都是值得赞扬的。不管是做大车轮或小螺丝钉，总要称职。做到称职是做到自己应该做的事情，也不应当骄傲。何况刚刚考进大学，就有些自满的情绪，那是不好的。毛主席说“虚心使人进步，骄傲使人落后”，值得我们大家警醒。

同学们，同志们，今年新学年开学的时期是大有历史意义的时期。党的八届八中全会的公报和决议刚刚公布才不久，而不久又要迎接国庆十周年了。现在全党全民都在进行学习党的公报和决议，全党全民都拥护党的号召，要努力反右倾、鼓干劲、进一步励（厉）行增产节约，全心全意拥护总路线，要在去年特大跃进的基础之上继续跃进，努力超额完成经过党所核实的今年的各项计划指标，使第二个五年计划的主要项目的指标可以提前三年完成，便是五年计划两年完成，这是多么令人兴奋的事啊！目前全国各个战线上都捲（卷）起了新的高潮，要以实际行动迎接伟大的国庆十周年。形势是非常良好的，我们在这样大有历史意义的时期举行开学典礼，真令人勇气百倍，欢欣鼓午（舞）。

同学们，同志们！我向你们建议：在开学之初抓紧时间好好地进行八届八中全会的公报和决议的学习吧，我们一定要鼓足干劲，反对任何右倾情绪、右倾思想和右倾活动，我们要做实事求是的促进派，要努力增产和节约。增产在同学们今天的情况下就是好好学习，好好锻炼身体，好好端正思想，要做到学习、锻炼、思想三丰收；节约在同学们今天的情况下就是要好好利用时间，好好集中意志，不要三心二意的（地）使自己的精力作无谓的消耗。

同学们，同志们！让我们共同努力吧。我完全同意你们的号召：我们要“勤奋学习，红专并进”，“以实际行动来迎接国庆十周年”。我们要高举起总路线的红旗，使我们的学校在去年大跃进的基础上继续跃进！

原文手稿

中国科学院

地址：文津街三号

中国科学院

地址：文津街三号

中国科学院

地址：文津街三号

中国科学院

地址：文津街三号

中国科学院

地址：文津街三号

中国科学院

地址：文津街三号

中国科学院

地址：文津街三号

中国科学院

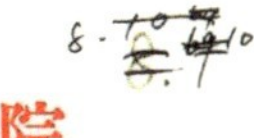

地址：文津街三号

中 国 科 学 院

地址：文津街三号

中 国 科 学 院

地址：文津街三号

中 国 科 学 院

地址：文津街三号

中 国 科 学 院

地址：文津街三号

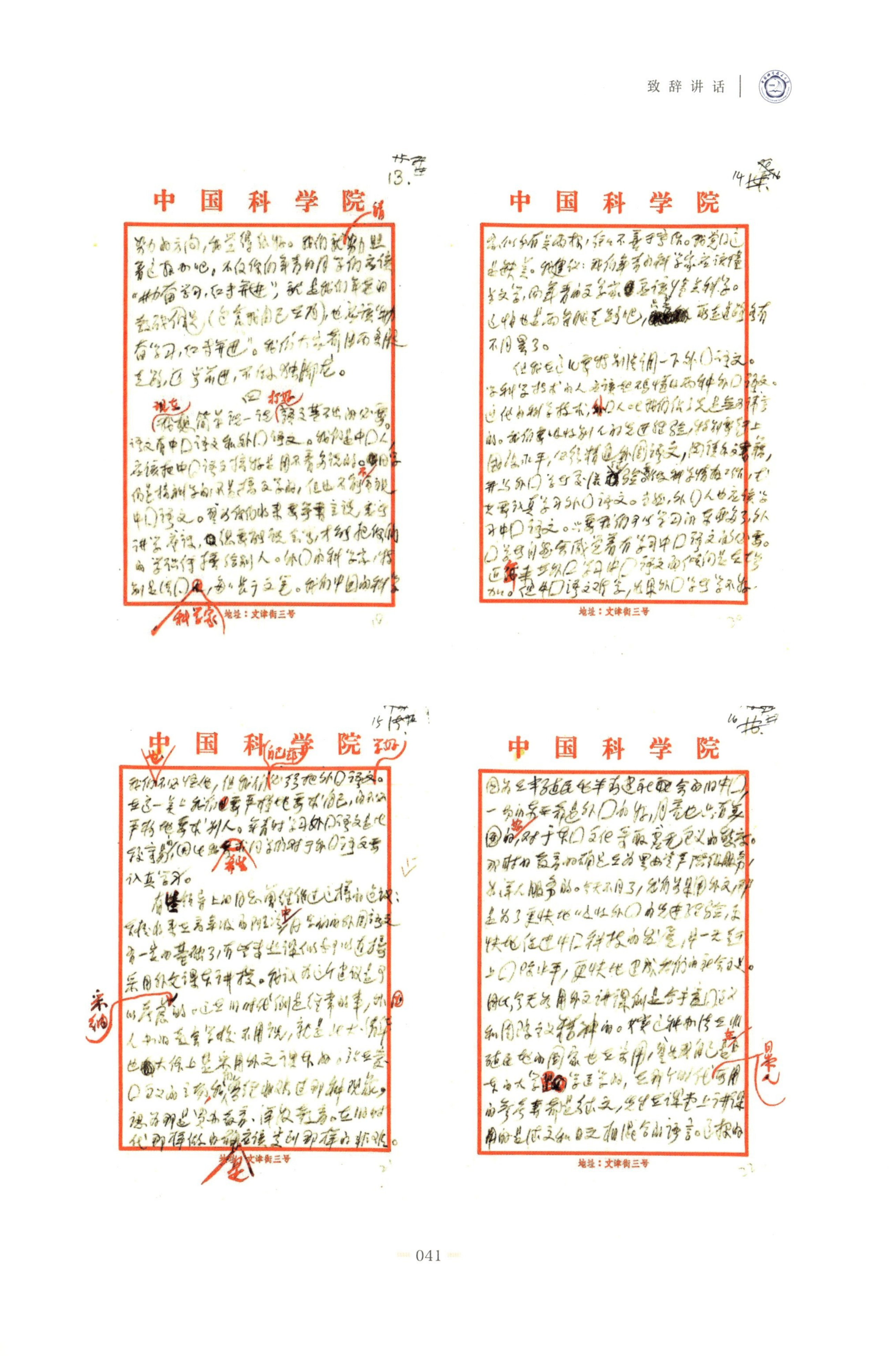

13.

中国科学院

[illegible]

地址：文津街三号

14

中国科学院

[illegible]

地址：文津街三号

15

中国科学院

[illegible]

地址：文津街三号

16

中国科学院

[illegible]

地址：文津街三号

中国科学院

地址：文津街三号

中国科学院

地址：文津街三号

中国科学院

地址：文津街三号

中国科学院

地址：文津街三号

21

中国科学院

这不免有点空洞。大家目前的人民大跃进，那就是一个完全的具体的建设，我们的钢铁生产今年就有1100万吨，不过十个月就完成了。那真可以说是路线的大胜利，大跃进的伟大成就。将来你们会有机会亲眼看到的，你们看了，就会领略到党的总路线和中国劳动人民的气魄……逐步走近。那么这些比较抽象的、空洞的说法就相当具体了。

事实上，许多文字……并不空洞。这里有一个问题，我们既要敢于想，也要敢于干，掌握了客观规律，用科学的方法来处理，有步骤地做去，循序渐进地做去，按步就班地做去，等到成功的时候，就可以证实这并不空洞。

地址：文津街三号

22

中国科学院

凡事要按照一定的进行，有劳有逸，有张有弛，每天都要有一定的……那就会一两天还可以，长久就不行。学校为同学们规定的是每天七小时学习，八小时睡眠，一小时的体育运动，我看这样按步就班地做去，你们就会更加进步。

工作和休息不是绝对对立的东西，而是对立的统一。工作得好就会休息得好，休息得好也就会工作得好。新来的同学们，你们刚进大学，一切都还不习惯，在精神上可能有些不必要的紧张，希望你们把这种紧张的情绪……你们的力量所能了。

地址：文津街三号

23

中国科学院

有人说过，天地间没有什么可怕的东西，如果有的话，那就是"怕"这个东西本身。我看这话是有一些道理。古人说"畏首畏尾，身其余几"。这样也怕，那样也怕，成为一个害怕专家，那你还能够做出什么成绩出来呢？

所以我劝新来的同学们，不要作无谓的忧虑，不要怕。毛主席告诉我们："在战略上要藐视困难，在战术上要重视困难。"这是很好的指示。我们在任何困难面前不要低头，但在有什么具体困难的时候，我们一定要采取实事求是的精神，千方百计地来克服它，同时还可以请教老师，请教朋友。古人说"精诚所至，金石为开"，那是说一个人把意志力量集中了是可以突破

天不怕，地不怕，就怕你自己害怕。

地址：文津街三号

24

中国科学院

意想不到的作用的，任何困难都可以克服。不怕就是坚硬的钢铁或者岩石都可以把它劈开。意志不集中，那就等于力量的消耗。个人是这样，集体更是这样。从集体来说，集中就等于团结，团结就是力量。所以我们要求意志的统一，有了统一意志便能使每个人的心情舒畅，生动活泼。因为我们的力量无穷大，掌握了客观事物的规律也就无穷，我们的自由也就无限广阔了。

我们的学校优点很多，缺点也不少。我听说有一部分新来的同学有两种不同的感觉。一种是为当选而感到自己了不起的优越感。一种是看到缺点而感到失望，所谓科学大学也不过如此……这两种

地址：文津街三号

中国科学院

地址：文津街三号

中国科学院

地址：文津街三号

中国科学院

地址：文津街三号

中国科学院

地址：文津街三号

档号：1959-WS-Y-23-3

实事求是，自力更生，勤奋学习，大胆创造！

——在1960级开学典礼上的致辞

（1960年8月31日）

我们的学校成立了两年了，今天我们举行第三年的开学典礼。同学们，在这新生活开始的时候，我们相信你们一定是很高兴的，我们也感觉到无比的（地）高兴。我们看到同学们一步一步地在攀登科学技术的高峰，登上一步就有一步的成就。这不仅要为同学们庆贺，而且要为本校、为科学院、为我们的国家、为我们的党庆贺。因为同学们的成就就是本校、本院的成就，就是我们祖国的收获，党的收获。

我们的学校是在1958年大跃进的气势中创办的。我们是从无到有、白手起家的。在三面红旗的照耀下，仅仅办了两年，我们在贯彻实践教育革命上，是有了显著的成绩的。我们的学校可以说是"大跃进"的学校。党的教育革命的方针，"教育为无产阶级政治服务"，"教育与生产劳动相结合"，给了我们明确的方向。两年来，我们努力实践着，因而使本校师生员工全体同志的政治思想和劳动锻炼，教学进度和研究实践，都有了一定的成就。这是党的教育方针的胜利，是总路线的胜利，是发展了马列主义的毛泽东思想的胜利。今天的开学典礼上我们要向党和毛主席保证：我们一定要更好地执行党的方针政策，使我们的成就不断地上升，永远从一个高峰攀上更高的高峰，从一个胜利走向更大的胜利。

党的教育革命的方针政策是创造性地建立了社会主义制度下的

教育体系，这和资本主义制度下和封建主义制度下的教育体系都有根本的区别。其中关键性的区别就在教育是为谁服务的问题。资本主义制度下和封建主义制度下的教育是为统治阶级的利益和个人名利服务的，而我们的教育则是为无产阶级政治服务，为建设社会主义服务，为人民服务。我们的国家是在党领导下的无产阶级专政的国家，我们的政治就是要建立社会主义和共产主义的社会，要使全体人民能够由“各尽所能，按劳分配”逐步进入“各尽所能，按需分配”的阶段。社会主义和共产主义，由于物质生产上有多寡的悬殊，在分配方式上因而有所不同，然而在从事物质生产上应该“各尽所能”，两者是一致的。但要人人都真正做到“各尽所能”都必须由勉强而进于自然。这就有待于教育。有的专门靠着物质刺激来搞，搞久了那是会得到反效果的。我们是主要靠着教育，靠着启发人民的自觉性，主动地发扬主观能动力量，使人们习惯成自然，自然地养成和提高共产主义的道德品质。“教育与生产劳动相结合”的方针就是为了实现这个目的。这个方针的贯彻执行不仅可以加速社会主义的建设，并为由社会主义进入共产主义开辟了广阔的道路。

劳动创造文化，劳动创造社会，我们要使每一个人都重视生产劳动，要把劳动作为人生的第一义务，更要逐步地把劳动作为人生的第一愉快。通过生产劳动来培养我们的无产阶级的人生观和世界观，通过生产劳动来培养我们的共产主义的生活习惯和道德品质。这不仅可以促进体力劳动和脑力劳动的区别的消灭，而且可以增进体力和脑力的强度，增进物质生产和精神生产的产量和质量。有人担心从事生产劳动会影响教学的质量，两年来的实践证明：这完全是杞人忧天。实践证明：教育与生产劳动相结合，正是教学工作的多快好省的方法。

我们很高兴地看到：由于同学们和教师们的努力，已经为本校树立了艰苦朴素的优良作风。在一定的期间下乡下厂从事生产劳动中有了不少的收获。同志们不仅提供了智（知）识和劳力帮助了生产单位的生产，替他们解决了一些问题，而且锻炼了自己的身体，改造了自己的思想，向工农群众学习了不少宝贵的生活经验，同志们一致认为“一个月的劳动锻炼和工农的接触，胜似在学校中一年的学习”。这样的经验是很可宝贵的，这就充分证明了我们的教育方针是十分正确的。参加劳动的结果是不是影响了我们的教学呢？恰恰相反！由于有生产劳动、教学与研究的三结合，本校的教学工作不仅完成了任务，而且在科学研究上也有了惊人的成就。例如，在学校创办的第二年内，全体师生员工共完成了研究项目263项，技术革新399项，而在校外工厂参加劳动中，还在工厂党委领导下，和工人与技术人员相结合，完成了技术革新222项，研究项目中，有些成就的水平是相当高的，如人工降雨火箭的试制成功、有机半导体的合成等，出于在大学仅仅一二年的同学手里，这是前所未有的事。

两年来的经验证明：我们党的方针政策是完全正确的。两条道路摆在我们的面前，我们党领导着我们坚决地走社会主义的道路，而堵塞了走资本主义的道路。两种方法揭露在我们面前，我们党领导着我们坚决地采取多快好省的方法，而摒除了少慢差费的方法。在建设社会主义总路线的光辉照耀之下，工农生产和各个战线都形成了连续大跃进，城乡人民公社正不断地发展，建设社会主义的工人阶级知识分子队伍已经形成、正在不断地扩大，这就增加了我们自力更生的信心。尽管帝国主义者和现代修正主义者在尽力诽谤我们，诅咒我们，然而他们的诽谤和诅咒正证明了我们的道路和方法的正确。我们在党的正确领导下，毫无疑问，我们是能够比较迅速地攻破科学的尖端，登上科学的高峰，建成社会主义的社会的。

我在这里想把苏联科学技术的发展速度作为标尺来衡量我们的速度。苏联在十月革命后，俄罗斯科学院的研究人员一共只有154人，而苏联是在1929年以后才开始发展科学，大力培养新生力量的。

算来苏联发展科学的时间只有30年左右的光景，而其中还要除去4年的爱国战争，在这战争中科学力量也是受到了不小的损失的。然而仅仅这么30年左右的期（时）间，而苏联的科学技术的发展在今天已经达到了世界的最前列。1957年以来，三个人造地球卫星、三只宇宙火箭、两个星际飞航（船）相继上天，显示了惊人的成绩。苏联科学技术的成就远远把美国抛在后边去了。而苏联是在自力更生的基础上创出了这些成绩的。苏联凭自力更生能够办到的，我们为什么不能办到？苏联是社会主义的国家，我们也是社会主义的国家，而我们既有多快好省的独创性的方法，又可以结合着本国实际吸收苏联和其他兄弟国家的先进经验，我们毅然相信，我们能够以更快的高速度完成党和国家所交给我们的任务。

同走着社会主义的道路，可以有不同的走法。我们是不必勉强别人和我们采取同样的方法的。有的人非难我们，认为我们的方法都不对头。这种非难当然也有非难者的自由，我们也不勉强别人一定要对于我们歌颂。但我们的看法是两样。两年多来的实践已经有足够的证明，让我们再埋头苦干若干年，作出更多的成绩出来，就可以使人们相信，我们的方法毕竟是真理。真理，我们是必须坚持的。原则，我们是必须坚持的。古代希腊的哲人亚理士多德说过："吾爱吾师，吾尤爱真理。"的确，为了更迅速地建成我们的社会主义，为了对于人类幸福作出更好的贡献，这在我们是应该"当仁不让"的。

在今天，我想向同学们和同志们建议：我们要埋头苦干，自力更生。我们应该学习三八作风和培养三八作风，来实事求是地进行我们的工作。三八作风是毛主席用三句话和八个字所概括的中国人民解放军的优良的作风。三句话是什么呢？是：（1）"坚定正确的政治立场"；（2）"艰苦朴素的工作作风"；（3）"机动灵活的战略战术"。八个字，便是"团结、紧张、严肃、活泼"。解放军总政治部副主任肖华同志在全军文化教育积极分子代表大会上作过报告，题目是《培养三八作风是我军建设的重要任务》。本年5月23日的《解放军报》和《中国青年报》都登载了，我建议同学们同志们仔细地学习一下，也同样地培养我们的三八作风。

我认为这三八作风应该作为全民的作风，我们不是全民皆兵吗？何况我们还是党的文化队伍，而且是科学的尖兵！每个人都要有“坚定正确的政治立场”和“艰苦朴素的工作作风”，这是用不着解释的。单拿“机动灵活的战略战术”来说，也完全适用于我们。我们是同样在向我们的敌人作战，在向困难作战，在向尖端科学作战，在向地球作战，在向自然作战，我们也不能不讲究战略战术的灵活运用。毛主席教导我们，要在战略上藐视困难，在战术上重视困难。我们要充分结合这个指示，充分地发挥主观能动力量，对客观情况作具体分析，千方百计的（地）克服困难。

我们应该感谢我们的邻居——政治学院。它（他们）不仅是我们的好邻居，借了一栋楼房来做同学们的宿舍，而且那八个字是大书特书地写在政治学院的正前面的，使我们的同学们朝朝暮暮、进进出出都可以看到，同样成为了我们的座右铭。那八个字和我们学校的精神是完全一致的。同学们所唱的校歌《永恒的东风》里面，不是说“要刻苦锻炼，辛勤劳动，在党的温暖抚育、坚强领导下，为共产主义作先锋”吗？不是说要“红专并进，理实交融，团结互助，活泼英勇”吗？团结、活泼就是在字面上表明着的。“刻苦锻炼，辛勤劳动”等等也就是紧张和严肃了。

团结是十分必要的，无论在什么时候我们都需要团结，特别要发挥集体作用的时候，尤其需要团结。团结就是力量。但是，团结不等于一团和气。团结的条件是需要思想意识的一致或者比较一致。思想意识的一致，即可谓一条心，便可以形成最牢固的团结，没有任何力量可以破坏它。因此，为求得思想意识的一致，有团结便必须有斗争，也就是说有团结便必须有批评。由团结的愿望出发，通过斗争或者批评，达到更进一步的团结。这是在任何场合所必须遵守的原则。无论是在校内或者校际，也无论是在国内或者国际，都必须遵守这个原则。不遵守这个原则便无所谓团结。故我们说到团结便必然会有批评和自我批评在里面。批评的出发点和归结点是惩前庇（毖）后，治病救人。但批评是不容易进行的，在我看来，必须能够严格执行自我批评的人才能够虚心坦怀地接受别人的批评，也才能够治病救人地批评别人。因此，为了求得团结，严格地执行自我批评应该是最必要的条件。

紧张就是要我们鼓足干劲，力争上游。但是紧张并不排斥必要的休整。一味的（地）紧张是不能持久的，必须有一定时间的弛缓。有张有弛，有屈有伸，波浪式地进行，这是自然现象的规律。我们要善于掌握这种规律，才能善于紧张。有人说社会主义制度下的进展是直线式的上升，这是不懂辩证法的皮相的见解。这种人只看到上升或者前进，而忽略了上升或者前进所采取的轨迹，是波浪形，而不是直线形。总之，紧张是必要的，一定的休息是为了更好的紧张。有劳必有逸，一定的休息是为了劳动得更好，所以我们只说紧张也就把休整包含在里面了。

严肃和活泼，看来好象（像）是对立的，其实是对立的统一。严肃是要有高度的纪律性，而活泼是掌握了高度纪律性的自由。这样的自由并不是放纵。放纵是破坏纪律，犹如恶性瘤子便是破坏了生理纪律的放纵。健康发育便是在严格的生理纪律内的自由。故掌握了高度的纪律性便能有高度的自由。这就是毛主席所说的“又有纪律又有自由，又有统一意志又有个人心情舒畅、生动活泼”。故严肃与活泼是对立的统一。不严肃的活泼是放纵，不活泼的严肃是僵硬。我们所需要的是严肃与活泼并举。

以上我把解放军的优良传统三八作风特别提了出来，希望把它作为我们自己的作风，让我们来共同实践，坚决贯彻。但要达到这个目的，也还有些具体的步骤。那就必须好好学习马列主义和毛主席的著作，听党的话，听毛主席的话，做毛主席的好学生。那就必须以普通工人姿态出现，向工农兵学习，并为工农兵服务，使自己成为工人阶级的红色专家。那就必须实事求是地学好功课，克服尖端科学，更多地揭发自然的秘密，驯服自然，为生产建设服务。那就必须学会善于运用辩证唯物主义，严格地执行自我批评，使自己的生活具有高度的纪律性。学习，学习，再学习。活到老，学到老。我愿意我们大家（包含我在内）做一辈子的学生，勤奋学习，大胆创造。

以下我想专对今年新来的同学们讲一讲。今年新入学的同学有1807名，其中有各地分院送来的进修生351名。一般说来，新同学们的成绩和品质是比较令人满意的。党团员和工农出身的同学占多数，党团员占86.3%，工农成分占62%。本着本校团结互助的精神，我希望党团员和非党团员的同学们都要努力。非党团员的同学们不要有什么自卑感，要努力争取成为党团员。党团员的同学们要经常鞭策自己，不要落后，同时也要帮助非党团员的同学们共同进步。当然，新旧同学之间的关系，我也希望能够这样。我更希望非工农出身的同学们要向工农出身的同学们学习，学他们的艰苦朴素的作风，工农出身的同学们都千万不要把自己的优良的作风失掉了。

新入学的同学们的心理状态，我是能够理解的。你们到了新的环境，由于情况不熟习（悉）可能有一些不必要的紧张。我看你们习惯了就会好了。关于学系的选择自然应该重视你们的志愿，但有必要时你们应该服从调配。本校各学系大抵都是尖端科学，都有同等的重要性。即使是成熟了的专家，遇有国家需要，有时都要调配转业。青年的可塑性大，你们决（绝）不要因为调配了学系而发（产）生抵触的情绪。

一般说来你们都是好同学，很听组织上的话。有的同学一进校园就参加劳动，把学校当成了自己的家；或者热心地请教旧同学，了解学校和学系的情况，作（做）好精神上的准备。这些都是很好的。但我听说有极小部分的同学隐隐有些优越感，我觉得这是值得警惕的。这一极小部分的同学对于尖端科学似乎有些神秘感，这样的迷信也值得破除一下。他们认为尖端科学高不可攀，起初报考时怕考不上，一考上了就觉得自己已经爬上了尖端的一样。这种情绪会滚而为骄傲自满，这是不好的。这种心理状态不限于新入学的极小数同学，前两年的同学新入学时也有人有过这样的情绪，而且别的兄弟院校也有同样的情况。别的兄弟院校甚至还有人这样说："工农群众知识化，知识分子尖端化"，或者说"工农进大学，我们进太学"。这样的同学们可以说是在为尖端而尖端，在他们的眼里似乎是"万般皆下品，唯有尖端高"了。这是在思想上有不健全的地方，没有了解到为谁服务的问题，应该好好地加以克服。我们要知道学尖端科学和学其他科学是一样，问题要你认真学习，成为红色专家为国家建设服务。即使你成了那样的专家，服务得很好，只是做到自己分内的事，也不应该自满，何况刚才考上学校，还没有跨进学系的课堂门呢？因此，对于这样的优越感，我劝同学们一定能够克服它。

我听说也有极少数的同学又有别种感觉。他们一进学校来，看到学校的主楼没有哈尔宾（滨）工大的高，校园没有清华大学的好，图书馆没有北大的藏书多，似乎又有点失望了。这也是不健全的想法，这是有拜物教的倾向了。要比高，为什么不比教学水平高？要比好，为什么不比劳动态度好？为（要）比多，为什么不比研究成果多？比是可以的，我们应该比共产主义风格，比红透专深。而且光是比也还（不）够，还要赶、学、帮。我们应该比先进、赶先进、学先进、帮后进。比不过就要向人家学，向人家赶。比过了，就要帮助别人，把方便送给别人，把困难留给自己。这样才能求得共同

进步。比物质享受，是一种危险的倾向，千万不要使他发展。我在这里要顺便告诉同学们，科学院是从“全院办校”的精神来支持本校的，无论在基本建设或者仪器设备上都首先照顾到本校的需要。本校目前的校址还不是永久校址，永久校址是在北部，今年不久就要开始建立了，有91000平方米的面积。尽管目前国家的基建战线在缩短，科学院的基建面积因而削减了，然而本校所需要的面积都是照旧保留着的。这就表明院本部对于本校的特别重视，也表明我们的学校还在创建期中，同学们都是学校的创建人。当然，我们不能专门创建校舍，而且还需创造校风，想要使得我们学校能够培养出大量的红色专家，以适应国家建设的需要。比是可以的，而且还不妨把比的范围扩大，我们应该和国际的学术水平相比，和苏联的科学技术成就相比。这就需要我们树雄心，立大志，自力更生，实事求是，勤奋学习，大胆创造了。

同学们，同志们，国家对于你们的期望很大，党交给你们的任务——要你们攻破尖端科学，使我们国家的工业农业和国防早一日全面现代化，使我们国家的科学技术早一日达到国际水平，这任务是十分光荣而且艰剧（巨）的。让我再说一遍：我们必须树雄心，立大志，自力更生，实事求是，勤奋学习，大胆创造。要这样才能不辜负党和国家的期待，才能完成党交给我们的任务，攀上科学技术的珠穆朗玛峰，而且不断地创造出科学技术的珠穆朗玛峰！我们的校歌表明着我们的意志，我们要经常记着，让我们努力实践吧。

迎接着永恒的东风，
把红旗高举起来，
插上科学的高峰！
科学的高峰在不断创造，
高峰要高到无穷，
红旗要红过九重！

原文手稿

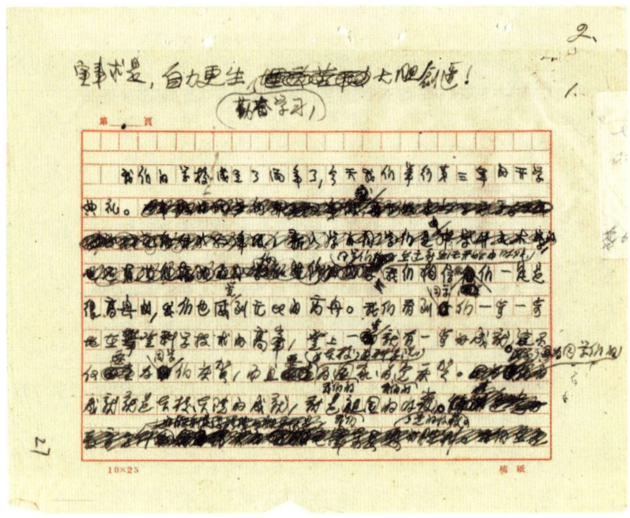

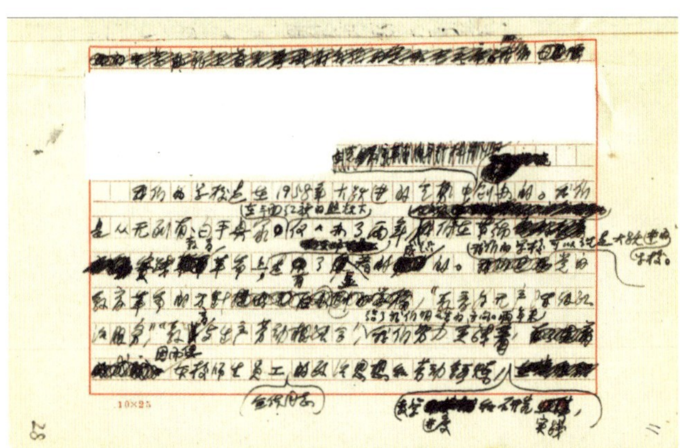

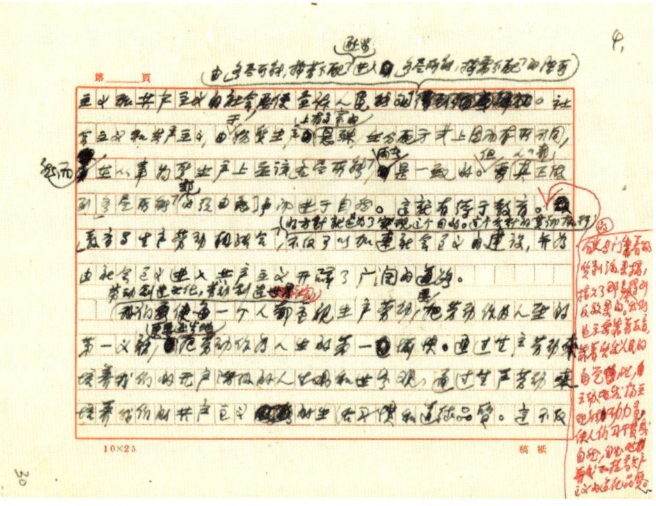

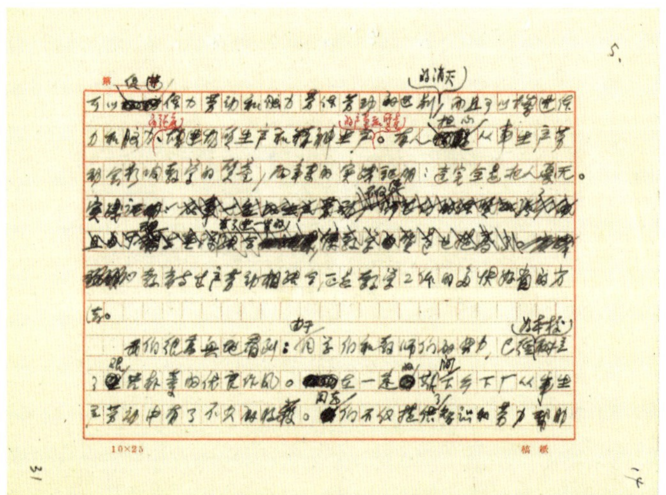

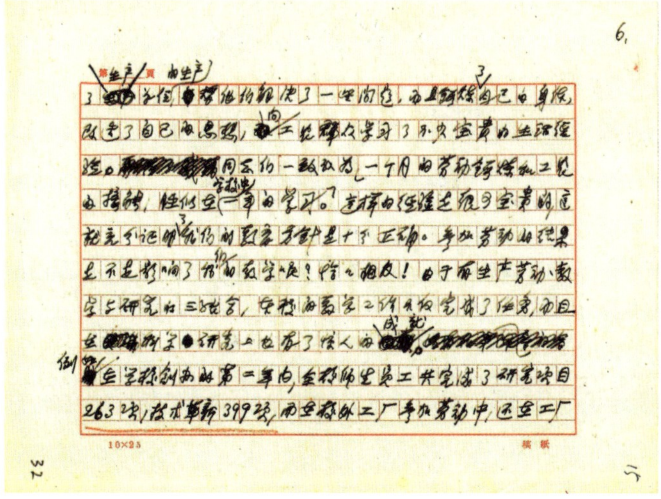

7.

第____页

党委领导下的工人与技术人员相结合，完成了技术革新222项。[illegible]中国人工降雨火箭的试制成功、农机半导体的合成等，出于在大学念一二年级的同学手里，这是前所未有的事。

两年来的经验证明：我们党的方针政策是完全正确的。两条道路摆在我们的面前，我们党领导着我们坚决地走社会主义的道路，而[illegible]资本主义的道路。两种方法摆在我们面前，我们党领导着我们坚决地采取多快好省的方法，而摒除了少慢差费的方法。在建设社会主义总路线的光辉照耀下，工农业生产和各个科研部门形成了大跃进，城乡人民公社正蓬勃发展，建设社会主义的工人阶级知识分子队伍

10×25　　稿纸

33　　16

8.

第____页

正在不断地扩大，这就增加了我们自力更生的信心。任凭帝国主义者和现代修正主义者怎样诽谤我们，诅咒我们，然而他们的诽谤和诅咒正证明了我们的道路和方法的正确。我们在党的正确领导下，毫无疑问，我们是能够比较迅速地攻破科学的尖端，登上科学的高峰，建成社会主义社会的。

我在这里想把苏联科学技术的发展[illegible]来说明我们的速度。苏联在十月革命的当时，俄罗斯科学院的研究人员只有一百多人，而苏联是在1929年以后才开始发展科学，大力培养新生力量的。算来只有30年左右的光景，而其中还要除去四年的卫国战争，在这战争中科学力量也是受到不小

10×25　　稿纸

34

9.

第____页

的损失的。仅仅在这30年左右的期间，而苏联的科学技术的发展已经达到了世界的最前列。1957年以来，三个人造地球卫星、三只宇宙火箭、两个星际飞船相继上天，显示了惊人的成绩。[illegible]苏联是在自力更生的基础上创出了这些成绩的。苏联凭自力更生[illegible]创造出来，我们为什么不能？苏联是社会主义的国家，我们也是社会主义的国家，而我们既有多快好省的创造性的方法，又可以结合着我国实际学习苏联和其他兄弟国家的经验，我们能够相信，我们能够以更快的速度完成党和国家所交给我们的任务。

同志们，社会主义的道路，[illegible]

10×25　　稿纸

35　　18

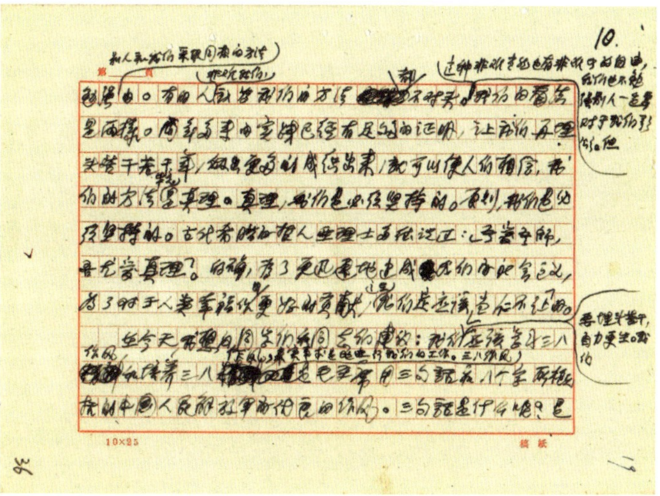

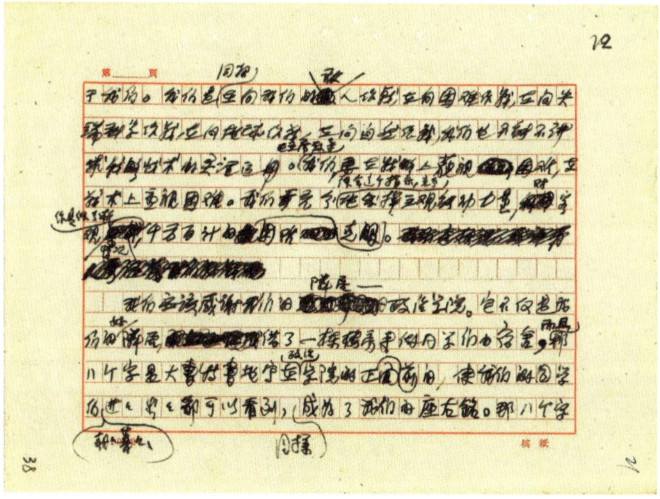

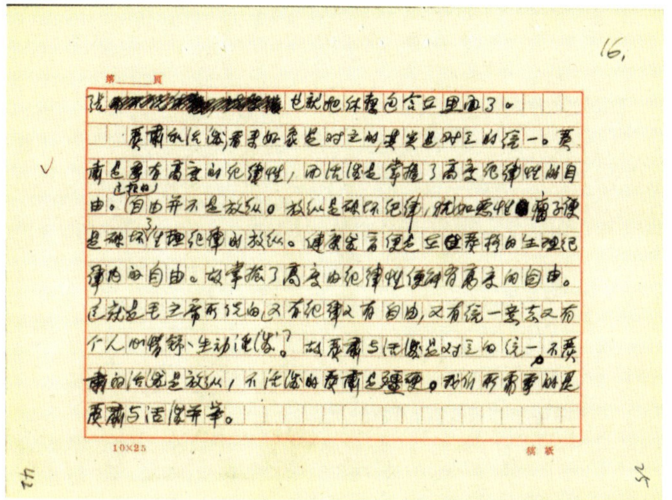

16.

说……也就把休整包含在里面了。

严肃和活泼看来好象是对立的，其实是对立的统一。严肃是要有高度的纪律性，而活泼是掌握了高度纪律性的自由。这种自由并不是放纵。放纵是破坏纪律，就如恶性瘤子便是破坏了生理纪律的放纵。健康发育便是在遵循生理纪律内的自由。故掌握了高度的纪律性便能有高度的自由。这就是毛主席所说的又有纪律又有自由，又有统一意志又有个人心情舒畅、生动活泼。故严肃与活泼是对立的统一。不严肃的活泼是放纵，不活泼的严肃是强硬。我们所需要的是严肃与活泼并举。

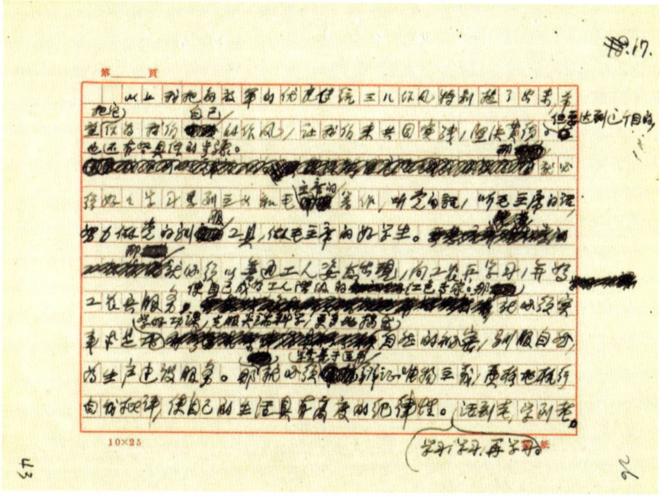

17.

以上我把我校革命的优良传统三八作风特别提了出来，希望把它作为我们自己的作风，让我们来共同实践，坚决贯彻。但要达到这个目的，也还有些具体的步骤。……那就必须好好学习马列主义和毛主席的著作，听党的话，听毛主席的话，努力做党的驯服工具，做毛主席的好学生。那就必须以普通工人姿态出现，向工农兵学习，并为工农兵服务，使自己成为工人阶级的红色专家。那就必须实事求是，学好功课，克服某些弱点，更多地掌握自然的规律，驯服自然为生产建设服务。那就必须……排除唯我主义，严格地执行自我批评，使自己的生活具有高度的纪律性。活到老，学到老，学习学习再学习。

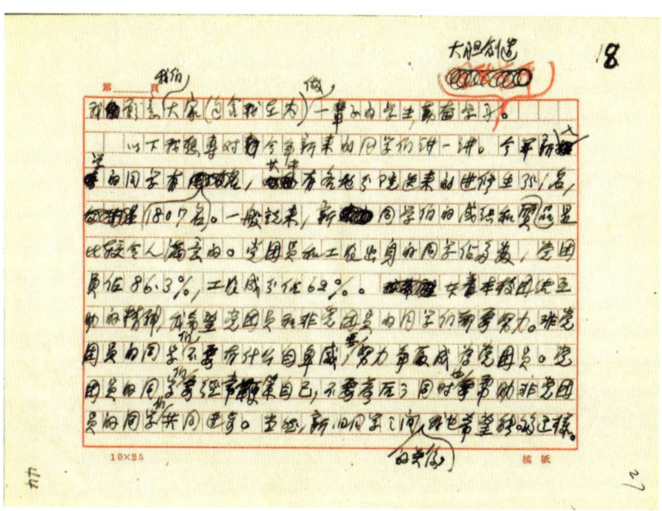

18

大胆创造

我们希望大家（包括我在内）做一辈子的学生，发奋学习。

以下我想专对今年新来的同学们讲一讲。今年新入学的同学有……，共有来自全国各地区选来的……3571名，……1807名。一般说来，新同学们的成绩和质量是比较令人满意的。党团员和工农出身的同学们很多，党团员占86.3%，工农成分占62%。……本着本校团结互助的精神，我希望党团员和非党团员的同学们都要努力。非党团员的同学们不要有什么自卑感，要努力争取成为党团员。党团员的同学们要经常鞭策自己，不要忘了同时要帮助非党团员的同学们共同进步。当然，新旧同学之间的关系也希望能这样。

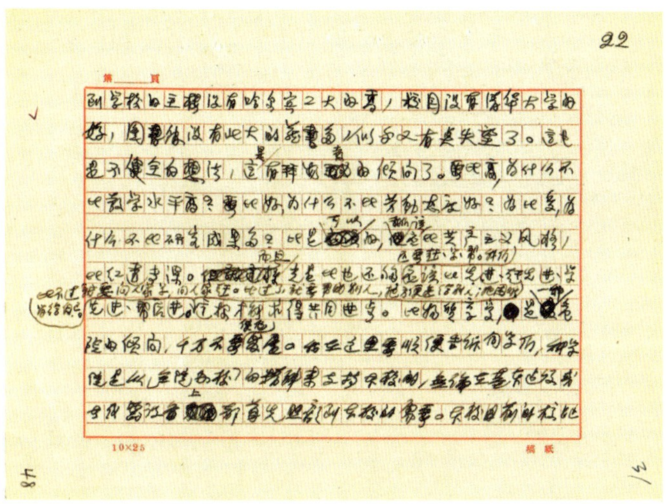

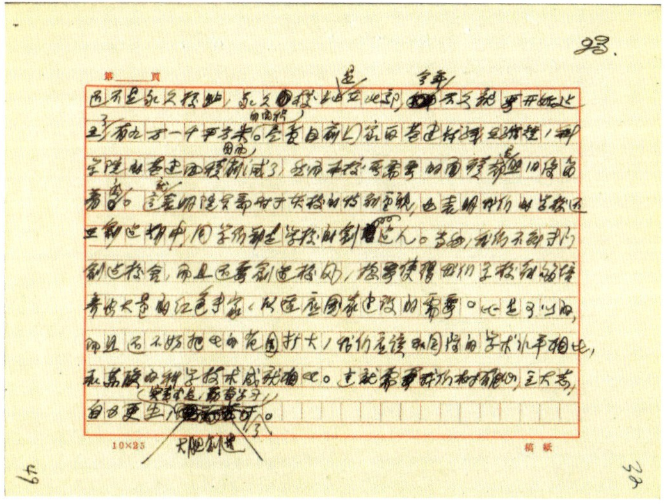

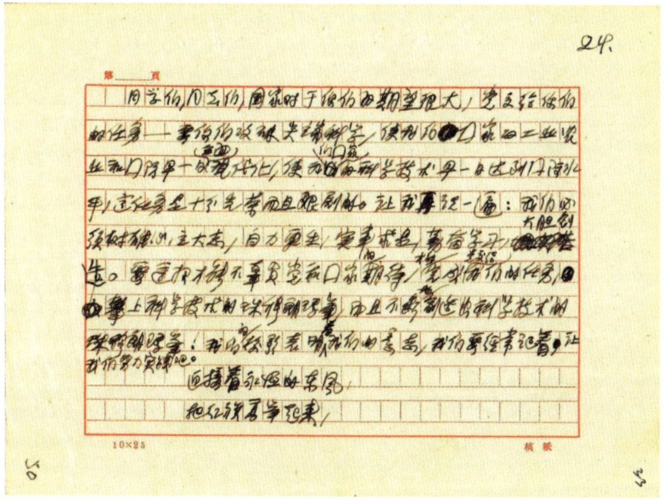

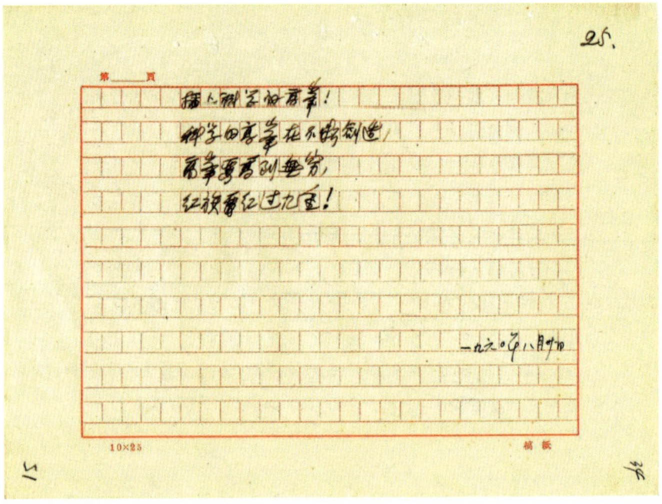

25.

第____页

播下科学的种子！

科学的种子在不断创造，

种子要种到无穷，

红旗要红过九重！

一九六〇年八月廿日

10×25　　稿紙

档号:1960-WS-Y-14-1

在1961年全校人员大会上的讲话

（1961年10月21日）

同学们、同志们：

今年八月中旬，我率领人大代表团访问了印度尼西亚和缅甸。访问过程中，在印尼停了两周，在缅甸停了一周。本来早就回国了，但我在云南的大理等地参观了一下，回到重庆，又乘轮船途经三峡时，江中含沙量多了，就耽误了几天。到9月20日才回到了北京。因此，我未能赶上参加开学典礼，很抱歉！

今天，我来和大家见面，向严副校长、教务长和所有的同志们问好，特别是向今年的新同学表示欢迎，并向你们祝贺！祝贺你们在为社会主义建设的学习阶段上又走入一个新的阶段，希望你们像爬山一样，爬到山顶，很快地成为新时代的红色专家！

新同学来校已学习了一个多月，对学校情况已有了初步了解，学校的风气是艰苦朴素、刻苦钻研，希望大家专心一意地学习，把三心二意的情绪安定下来，如果可能有的话。新同学在没入学前，对学校可能有些神秘感。我校是新建的学校，从无到有，三年多时间，还不可能做到十全十美的程度。但是，任何事物都是在创造中发展起来的，值得我们鼓舞的是，学校很快地发展了起来，我们一定要努力促进，使学校逐步地完善起来，逐步地使人满意，这样就不辜负党对我们的要求，希望大家都要为办好科技大学而贡献出力量，你们都是创办人，希望要以创办人的姿态来爱护学校。

新同学的入学成绩都是优异的，平均成绩422.8分，清华是423分，我们少了0.2分。但这个成绩比往年还是高的，有个别同学的成绩是全国最好的，这是很高兴的事。希望在此成绩的基础上努力刻苦钻研，创造出更好更新的成绩出来。

这是几句开场白。下边我谈谈我对同志们的几点希望。

我们要发扬“三八”作风，继承抗大的优良传统。八个字，就是礼堂门口墙上写的那些大字；三句话是：坚定正确的政治方向，艰苦朴素的工作作风，灵活机动的战略战术。坚定正确的政治方向的要求并不高，就是热爱祖国、热爱党，拥护毛主席，建设社会主义，把自己培养成为红色专家。当前最正确的政治方向，一定要坚定，要牢牢把握住政治方向。

灵活机动的战略战术、艰苦朴素的工作作风，就是在战略上要藐视敌人，战术上要重视敌人；我们要学习好，就要克服攀登科学高峰的困难。也不要忘了毛主席讲的还要团结，但也批评。要通过团结、批评达到更进一步的团结。对同学的缺点，要提出批评。要求同学注意，紧张还必须有更好的休息，不是天天紧张，要劳逸结合，打仗后还要来个休整呢！我希望要继续发扬“三八”作风，要求同学注意培养“三八”作风；注意掌握“三八”作风，是当前的当务之急。

另外，还有三句话，就是毛主席讲的“三好”：身体好，工作好，学习好。还有八个字，就是毛主席讲的“调整、巩固、充实、提高”八字方针。

“三好”是在几年前对青年们提出来的，今天还是很适用，因为这是培养建设人才的方针，因而是必要的。这是永远的真理。每个人都必须把身体搞好，任何年代都是这样的，身体好才能工作好和学习好；如果年纪轻轻的把身体搞坏了，工作就不能胜任，对国家是个浪费。因此，把身体好放在第一位是很有意义的。我国遇到三年的巨大灾荒，当前粮食供应有点紧张，因此要特别注意身体的健康，注意劳逸结合。英国有两句话：工作好，游戏好。既要专心一意地刻苦钻研学习好，也要同时身体健康。最好还是学习毛主席，毛主席游长江，我们很多人没有这胆量。身体健康了，就能更好地为祖国多做事情，希望全体工作人员和全体同学对劳逸结合要切实注意起来。特别是在今天，更要特别强调。我听说，同学们刻苦钻研，十分钟也舍不得浪费，也总在看书，这种精神是好的，但要注意劳逸结合，休息好学习起来才更有劲。

第二，就是要学习好。学生时代就是要以学习为主，一定要学好，不要怕困难。中国有些古话也可作鉴：“绳锯木断，水滴石穿”，“铁杵磨成针”。即学习要有恒心。李白有一次看到一个老太婆，用一根铁棒在石头上磨来磨去。李白问她做什么，她说用它来磨针用，李白说这要多少时间才能磨成呢？这就是铁杵磨成绣花针的故事。所以说，只要有恒心，不间断地学习，就会搞出成绩来，就像登山一样，只要一步一步往上登，就会登上去的。因此在学习上也要贯彻“调整、巩固、充实、提高”。要温故知新，已学的东西要经常温习它、巩固和充实它，不要一味贪新贪多，好高骛远。在学习专业之外，还可搞一些业余学习。古书上有句话：“人有余力学文。”文的范围很广，文学、文艺当然包括在内，书法也是艺术，现在碑帖店生意很好。毛主席写的六盘山诗的毛笔字帖很受欢迎。我们都多用钢笔、铅笔，但也可多用用毛笔。我们搞尖端的人，在搞尖端之外，心要是有余力，学习一下文艺还是有好处的；搞尖端之外，调剂一下生活和精神，以及培养人格上是有很大帮助的，也可增加文艺修养和提高对文艺欣赏的能力。如照相、演戏、唱歌、舞蹈、中国书法等不妨练练，别的我帮不了忙，书法我可帮大家练习。当然，这样说，我倒不是强调要抛掉正业和不务正业，说实在的，要真正成为一名文学家、艺术家也不是轻而易举的。毛主席说，搞科学工作的人，搞点文学、艺术也是有好处的。历史上和当今的一些大科学家有许多人是得到文学的启发而攻克科学堡垒的。这方面，马克思、列宁和毛主席就是我们很好的学习榜样。如马克思在伦敦图书馆看了很多书才写出不朽的巨著《资本论》。这说明伟大的导师搞专业也是需要文学、艺术的，他还喜欢弹钢琴呢。列宁也是一样，他不仅是政治家，而且对文学有很深爱好。毛主席还在学习英文，也特别爱好文学，在中国有他在文学上的地位的。

专业要学好，是有条件的，即要打好基础。咱们学校老教师都是全国有名的，这是同学们自豪的。学好数、理、化很重要，但打好外文基础也是很重要的。读书要“四到”：眼到、口到、手到、心到，学外文还要加一个耳到，做到“五到”才行。要求学精一门外文，如学好英文，再学法文就比较容易了，再学西班牙文就更容易了。总之，要搞透一种，回头再学别的就容易了。据说，有的同学在学第三外国语，当然精力有余是可以的，但必须学好一种，学深学透。学习上要按部就班，循序渐进，不要贪多，自己要努力，但也要相互帮助，这也是促进独立思考的一种好方法。通过相互讨论、对面交锋、互相交流，启发自己。据说，有些同学认为“独立思考就是自己埋头去想”,“独立思考就不能问人家”。这是不对的倾向,其实学问学问,就是要学要问,不懂装懂就不好,不知就是不知,不知就问,问要问到底。古语说,打破砂锅问到底就是这个意思,“问”是个好的学习办法,中国不少古代历史人物都是不耻下问的。如历史上伟大人物孔子就是不以下问为耻,不懂即问,每事要问,他在2000多年前的封建社会里有这种学习态度是不简单的。宋朝王安石是我比较喜欢的人,他之所以成为一个知名的政治家、文学家,就是他能“每事必问”、“读小说无所不问”。毛主席就是好问和最会问的人,每年有好几个月到各处去调查研究,调查研究就是多问。因而,他对农民的要求了解和掌握得最清楚。

要搞好师生关系,好老师给大家讲课,大家就满意。严副校长、华副校长亲自讲课,效果很好。希望同学们与年轻教师的关系要更密切些。荀子说过:“学莫便乎近其人。”学生靠近老师就是自己提高的最好方法;老师也应该接近学生,并向学生学习。古语说:“古之学者必有师,师不必贤于弟子。”老师有进步,学生也才能有进步,互相才有进步。这些意见,供大家参考。

第三是工作好。在职干部对学校的工作,我看主要就是要把教学搞好,帮助同学学习好,帮助教师教好,要一切为了提高教学质量,为国家真正培养出好人才,这就是政治任务。希望教师开展一些学术活动,在系、级里,请专家来讲学术报告,组织专业小组,组织讨论会,请老师帮助,把学术空气搞浓厚起来;要总结一些好的经验,将好的班、小组的经验总结、推广;要借东风,问老师、专家当年的学习方法,要向兄弟院校如清华、北大学习,吸收人家的好经验,借来试行。

“三好”、“八个字”与“三八”作风要同时进军。这些大家当然知道,但知道还要做到,并要做好。

档号:1961-WS-Y-20-2

在与1962级新同学见面会上的讲话

（1962年10月6日）

各位同学、老师们：

今天我来，与今年新来的同学们见见面。开学一个多月了，我官僚主义，向大家道歉。今天我没有准备，随便谈谈。同学们要注意劳逸结合，我今天从军委借来一部影片《东进序曲》。“八一”厂特别照顾，将厂里的底片拿出，我表示感谢。同学们来校一个多月，我校有许多优点，缺点也不少。今天向自己人夸夸其谈优点，也不必要。最大缺点，物质条件差，从这礼堂规模也可看出。我校从1958年筹备，三个月办起来，与北大、清华比较，在这些方面不及他们。同时建校时间短，缺乏经验。过去几年，贪多贪大，犯冒进错误。这错误党中央领导有所注意。从去年开始学生人数减少到招收500人，做了调整。5年2500人。现分二摊，中关村一分部也不方便。条件太好，培养花朵；条件不好，反而能受到锻炼。我校标榜艰苦朴素、继承抗大作风。抗大在窑洞里学习，那样苦的条件也培养出优秀人才。我们比那时候条件好得多，可说天壤之别。又联想到二万五千里长征时候的生活。任何伟大的事业不仅在于客观条件好坏，还在于主观努力，方向对头，方法对。我们要学习毛主席，真正继承抗大优良传统，成为科学战线上的尖兵。有的后悔考科技大学，有的反映新生活不大习惯，学校功课重，是否是缺点？这是个特点。马克思说过：“只有在崎岖的道路上，不辞辛苦的人，才有希望达到光辉的顶点。”毛主席说过，战略上要藐视敌人，战术上要重视敌人。将来要上天入地，是有困难的，要克服困难。一方面鼓足干劲，一方面要落实在方法上，要巧干、巧妙，不是投机取巧，是方法问题，实事求是，按部就班，循序渐进。要打好政治思想基础，好多的专家，有坚强的思想基础，碰到苦难就不会动摇。要打好科学基础，再就是要有健康基础，身体好。科学家要懂点文学，学文学的要懂科学。搞科学的要写出平易近人的文章，要搞好中国文，汉文基础要打好。这几年，汉文有些忽视，英文、俄文、德文、法文都需要学，英文最重要。基础打好，将来搞专业就比较容易。同志们才进来，功课重，不要垂头丧气，唉声叹气。苦干、特干加上巧干，毛主席讲的“三好”，身体好放在第一项。身体是个工具，身体好，要适当锻炼，要劳逸结合。科技课是个重点，政治思想也重要，保证今后的工作做好，最重要的是听毛主席的话，听党的话。

档号:1962-WS-Y-18-2

在1963届毕业典礼上的致辞

（1963年7月14日）

同志们，同学们：

我怀着欢喜的心情宣布，中国科学技术大学第一届毕业生的毕业典礼现在开始了。

五年前，在这座庄严的礼堂里，我们第一次合唱了本校的校歌，听了聂荣臻副总理的重要讲话，接受了兄弟院校的热情祝贺，共同庆祝了本校的诞生。从那时起，我校的学生一年比一年增多，教师队伍一年比一年壮大，职工同志的工作能力一年比一年提高，全校的师生员工，紧密团结在校党委的周围，为完成党和政府交给我们的任务，整整努力了五年。这是我们坚决地贯彻执行党的教育方针的五年，是不断地向兄弟院校学习，在红专大道上迈进的五年。今年我们又聚集在这座礼堂，为第一届毕业生举行毕业典礼，陈毅副总理、聂荣臻副总理、教育部杨秀峰部长、国家计委的领导同志、中国科学院的领导同志、兄弟院校的领导同志都来和我们一道共同祝贺，我们的心情是欢欣鼓舞的。我们对于党和国家的深切的关怀表示衷心的感激。

我们的学校创建于1958年，曾经被称为“跃进大学”。它是总路线的一个成果，大跃进的一座纪念碑，教育大革命的一块试验田。大家都还记得学校刚成立的时候全体师生便投入了平操场、办工厂、搞科研、修水库、忙秋收、炼钢铁等劳动实践，每个人的精神面貌为之一新，政治觉悟得到迅速的提高。今年毕业的同学们，你们当时是上了“教育与生产劳动相结合”的第一课。你们应该是永远不会忘记的。

同样令人难以忘记的是我们的国家，自1959年以来，遭受了连续三年的严重自然灾害。美帝国主义者、现代修正主义者、反动的民族主义分子幸灾乐祸，相互串连起来进行反华大合唱，采取了种种敌对的罪恶行动，增加我们的困难，企图扼杀我们新生的祖国。然而，我们中国人民在中国共产党和毛泽东主席的正确领导下，团结一致，艰苦奋斗，自力更生，奋发图强，终于经受住了考验，克服了自然灾害，抵制了敌对者的罪恶行动，有力地推进了社会主义革命和社会主义建设事业。在连续不断的胜利之下，整个国民经济目前已经逐步出现全面好转的局面，国家建设事业又要迎接蓬勃发展的新高潮了。

我们的学校就是在这种形势当中成长起来的。我们遵循着红专并进的道路，一方面努力使同学们树立优良的学风，认真读书，刻苦钻研，独立思考，团结互助；而在另一方面则坚持贯彻“兴无灭资”的思想教育，不断地督促和帮助全校师生员工进行思想改造。我们认真地学习了毛主席的著作，并认真地进行了反对帝国主义、反对修正主义、反对反动的民族主义的政治学习。去年12月15日至今年3月8日，党中央接连发表的八篇文章，严正地驳斥了现代修正主义一系列的错误观点，我们都认真地学习了。全校师生员工和全国人民一道，受到了一场极其深刻的马列主义的教育。特别是今年6月14日党中央给苏共中央的长达三万余言的回信，全面地阐述了国际共产主义运动总路线和其他有关的原则性的问题。这个文件是毛泽东思想的结晶，是马列主义在目前阶段的最高发展，使全国人民和全校师生员工对于形势的认识，对于阶级斗争的认识，又有了更进一步的全面提高。

这样红专并进地进行学习的效果，在1958级即本年应届毕业的同学们的思想认识中，便表现得相当集中，相当显著。同学们在大学生活的最后一个学期里，在完成毕业论文的过程中，大都表现了饱满的革命干劲，发挥了实事求是的科学精神，克服了在写作和设计中的重重困难，使自己的毕业论文达到了较高的水准；而在另一方面同学们又响亮地喊出了“坚决服从国家分配”的口号。有不少同学能够正确理解个人利益必须服从国家利益，坚决地把党的利益、革命的利益放在第一位，不挑选地区，不挑选工作，不挑选待遇，也不怕生活苦、工作难、地方远，党指向哪里，便要走向哪里。有的同学说：“祖国到处是我们的家。自己的一切都可以抛弃，只有向党的一颗火热的心，永远不能抛弃。”这样的思想意识是很可宝贵的，是具有典型性的。我们深深地为同学们的斗志昂扬、意气风发的态度所感动，我们很想坦率地说，今年应该是我们学校的第一个丰收年。

应届毕业的同学们，你们经过五年的勤奋学习，作为为无产阶级政治服务的科学工作者，你们已经有了一定的政治思想基础和尖端科学基础。你们正怀抱着满腔热情，准备奔向新的岗位，为国家建设效力。你们高兴，我们更加高兴。我们为你们的顺利毕业而高兴，更为国家又获得了一批新生力量而高兴。在你们行将离开母校的校门之前，我愿意向你们提出几点希望，作为母校对于你们的临别赠言。

第一，希望你们做党的好女儿，永远听党的话，遵守纪律，服从调度，毫不动摇。

五年在学期间，你们是遵守纪律，听党的话的。正因为这样，你们在学业上能够有所成就。最近，在对待毕业分配上，你们的思想主流也是健康的，绝大多数的同学都表示毫无保留地服从党的分配，这就会保证你们走上新的岗位之后能够取得一定的成就。但是，我们也无庸讳言，你们之中有少数同学至今还抱有这样那样的个人考虑，可能成为接受具体分配时的思想阻碍。即使是没有个人考虑的同学们，在接受分配以后走上新的岗位时，也还要经得住新的考验，要准备克制可能遇到的旧习惯势力的引诱而发生动摇。所以听党的话，服从调度，仍然是同学们要自始至终严肃对待的问题。

当然，个人考虑也并不是绝对不允许，如果是应该考虑的事项，你们要信赖组织会通情达理地给予适当的处理。但如果你们的考虑，只是一般地怕生活困难，怕工作艰苦，怕地方僻远，或者怕身体吃不消，那就应该把这些不必要的惧怕心理扫除干净。有人说：天地间的事本没有什么可怕的，可怕的就只有一个“怕”字。这说得有点道理。要做一件事情，如果你这样也怕，那样也怕，那么还能够作出什么成果来呢？古人说：“畏首畏尾，身其余几？”说的就是这个道理。但是，我们也并不是盲目的浮夸者，我们是毛主席的学生，要在战略上藐视困难，而在战术上重视困难。任何困难当前，我们要把它当成纸老虎；但到我们实际和困难接触，我们就要郑重其事地想尽千方百计克服困难。

如果是怕身体不行，那就应该注意身体的锻炼。毛主席“三好”的指示，首先是提身体好。身体是做工作的工具。如果身体不好，你就算有学问，有才干，工作是要受到限制的。因此，我们希望同学们在努力工作之余也要注意身体的健康，希望你们善于劳逸结合，具有顽强的身体，饱满的精神，能够胜任烦剧，心情舒畅。

如果是怕离家远，那是最没有出息的想法。封建时代比较有志气的人，都能够说“大丈夫以四海为家”，在毛泽东时代，在尖端科学发展的时代，我们就应该说“大丈夫以宇宙为家”了。林则徐是同学们所知道的一位历史人物，他因抗英有罪，被发遣充军伊犁的时候，做过几首诗，其中有两句我很喜欢，便是“苟利国家生死以，岂因祸福避趋之”。这是说：只要于国家有利，便把生死置诸度外，全力以赴，哪能够为了个人的利害而有所回避，有所挑选？这两句诗表达了林则徐的为人，无怪乎他能够成为在历史上站得住脚的人物。封建时代的林则徐都能够做到这样，难道我们就不能够做到？我们又并不是犯了罪被充军，而是受到国家挑选，到偏远地方比较艰苦的岗位上去，这正是十分光荣的事，没有什么可怕。

因此，我们希望应届毕业的同学们，你们每一个人都能够排除一切不必要的顾虑，把个人的远大理想和国家的伟大前途结合起来，不仅是被动地机械地服从分配，而且是主动地愉快地接受分配；希望你们永远听党的话，做党的好儿女，做人民的真正的勤务员，遵守纪律，毫不动摇。

第二，希望你们作为工人阶级的知识分子，以普通工人姿态出现，重视生产劳动，克勤克俭，埋头苦干，永不生锈。

作为新型的工人阶级的知识分子所不同于旧式知识分子的重要差别，直截了当地说，就是在对待生产劳动的态度上。在社会主义制度以前的旧时代，不管是奴隶制、封建制或者资本主义制度，脑力劳动和体力劳动是分了家的。脑力劳动者是统治阶级，乃圣乃神，作威作福；体力劳动者是被统治阶级，为牛为马，受苦受难。统治阶级垄断了知识，因而使理论与实践脱离，理论也就不能得到迅速的充实和提高。今天我们在社会主义制度下，我们的国家是以工农联盟为基础的实行无产阶级民主专政的国家；我们的教育方针，是教学与生产劳动相结合。这样就使理论与实际发生紧密的联系，使知识分子与劳动人民能够打成一片，使脑力劳动与体力劳动的差别能够逐步归于消灭。

同学们，你们应该明确地认识到这一点。国家是把你们作为工人阶级的知识分子而加以培养的，你们应该有意识地以工人的身份出现，在从事脑力劳动之外，应该加意重视生产劳动。你们应该谨严地遵守国家的规定，切实参加劳动实习，使你们自己在精神上、身体上以及在实际工作中受到更多的锻炼，提高你们的工作能力和业务水平。这样不仅可以保证你们的“专”，而且可以保证你们的“红”，这是非常重要的一个关键性的问题。

同学们，你们入学的时候是我国第二个五年计划开始的第一年，你们现在要离开母校了，又是我国执行第三个五年计划的头一年。祖国要实现四个现代化——农业现代化、工业现代化、科学技术现代化、国防现代化，这些任务对科学工作者来说是特别重大的。目前这样好的时期，对于你们一定是很大的鼓舞。今后你们在新的岗位上希望你们千万不要忘记勤俭建国、勤俭办一切事业的方针。以艰苦朴素为荣是我校校风的特点之一，希望你们长远地保持着这个特点。遗憾的是我们在学校里，平时对于勤俭办校的教育贯彻得不够，因而助长了某些同志大手大脚的大少爷作风，也影响到一些同志不再以艰苦为荣、浪费为耻。这是值得特别警惕的。最近学校在“五反”运动中暴露出的各种铺张浪费的惊人事实为我们敲响了警钟，使我们认识到我们是忘了本。经过这次的深刻教训，我们一定要补课，要进一步克勤克俭，以“一厘钱”精神郑重地对待国家财物。应届毕业的同学们，你们也不能例外。你们今后到新的工作岗位上去，无论在什么地方，无论在什么时候，都要坚决反对资本主义和现代修正主义的侵袭，坚决抑制旧时代遗留下来的恶习惯的滋长，要踏踏实实地克勤克俭，埋头苦干，永不生锈。

第三，希望你们以革命家的高标准来期待自己，投身于伟大的革命运动中，站稳立场，坚决进行阶级斗争，争取革命的全面胜利。

目前国际上的阶级斗争是十分剧烈的。帝国主义者和反动的民族主义者是我们的阶级敌人，它们和我们之间的矛盾完全是敌我矛盾。现代修正主义者背叛了马列主义，有的不仅和帝国主义者一个鼻孔出气，有的甚至充当帝国主义者的爪牙。因而反对现代修正主义的斗争也应该属于敌我矛盾的范畴了。

国内处在过渡时期，阶级斗争也是复杂而激烈的。被推翻了的反动统治阶级，绝不甘心灭亡，一有机会便企图复辟。逃往台湾，在美帝国主义的羽翼下苟延残喘的蒋介石集团，就经常在叫嚣“准备反攻大陆”，并且在东南沿海一带还时时蠢动，进行窜扰。

资产阶级的意识形态和其他旧思想、旧习惯势力更不断地在向我们侵袭，因而在不经意之间也就有了新资产阶级的萌芽。特别是现代修正主义者，他们蒙着马列主义的外衣，正在尽力阉割马列主义的革命性。他们抛弃了阶级斗争和无产阶级专政，强调个人利益、物质刺激、和平共处、和平过渡，无原则地反对战争，而且特别夸大现代武器的毁灭性，帮助帝国主义者进行核讹诈，这样用以诱惑青年走上不革命、假革命、反革命的道路。因而反对修正主义和防止修正主义，特别在我们进行着社会主义革命和社会主义建设的国家，是我们当前的重要任务。

回想我们在解放前，在黑暗的时代里，阶级斗争是十分尖锐的。为了争取人民的解放，有不少的革命志士，像同学们这样的年龄的，早就投入了革命斗争。八路军里面还有不少的“小鬼”，比你们的年龄还要小。他们不怕艰难，不怕困苦，全力以赴，百折不回，有的已把宝贵的生命献给了党的事业。我们新生的祖国就是由无数先烈们的鲜血所凝结成的，这些革命志士们是我们做人的好榜样，我们就应该向他们看齐。

解放了，流血革命的斗争机会减少了，然而并不是没有了革命斗争。毛主席最近告诫我们:“阶级斗争、生产斗争和科学实验，是建设社会主义强大国家的三项伟大革命运动，是使共产党人免除官僚主义、避免修正主义和教条主义，永远立于不败之地的确实保证，是无产阶级能够和广大群众联合起来，实行民主专政的可靠保证。”

请看，毛主席是把阶级斗争、生产斗争和科学实验作为建设社会主义的“三项伟大革命运动”而提出的，而且把阶级斗争放在第一位。在这样的次第中，固然包含有政治挂帅的深刻含义，但也显示着阶级斗争在目前形势中的剧烈程度。

我们读到毛主席这段指示，能够不觉悟到我们责任的光荣且艰巨吗？我们要投身于这“三项伟大革命运动”中，就必须有革命家的精神全力以赴，把生死置诸度外。毛主席指示的对象固然是“共产党人”和“无产阶级”，但我们每一个人都不能够甘心中游，都应该以精神上的高标准来期待自己，鼓足干劲，力争上游。

我们今天正处在革命的高潮期中，我们不仅要把国内的社会主义革命进行到底，还要把国际无产阶级的世界革命进行到底。我们必须站稳阶级立场，团结一切进步的力量，同反动势力和反动的意识形态做毫不容情的斗争。同学们，你们要认清楚这样的形势和你们自己的责任，希望你们能够胜任愉快，争取到革命的全面胜利。

第四，希望你们始终保持着学生的态度，继续不断地勤奋学习，红专并进，至死不变，成为毛主席的好学生。

应届毕业的同学们，在你们的一生之中，学校生活虽然结束了，然而学习生活是不会结束的。在今后的工作中、斗争中，你们还需要进一步努力学习。中国有句老话说得好："活到老，学到老。"其实还可以扩充一下，应该是"活到底，学到底"。学问是没有止境的，勤奋学习是革命者终生的任务。无产阶级的每一位革命导师，我们敬爱的领袖毛主席，都是勤奋学习的最好榜样。我们无论年老年少，都应该努力争取成为毛主席的好学生。

同学们，你们是被选定了来搞尖端科学的。五年前在你们刚入学校门的时候，你们之中有的同学曾以考上了科技大学而有优越感，我曾经提醒过你们，要你们牢牢记着毛主席的告诫："虚心使人进步，骄傲使人落后。"你们经过了五年的学习，中国科学院北京地区的科学家有60%的人到学校里来讲过课。前辈科学家们大都欣赏你们，对于你们的毕业论文，他们认为有的已达到了相当高的水平。这自然是好事，但希望同学们千万不要又产生新的优越感。大学毕业，对你们作为科学工作者的旅程来说，应该只是"万里长征第一步"。大学课程只是把各门学问、各门专业的途径指示给了你们，毕业以后如何把既得的知识加以应用和推广，如何批判地继承和发展，如何向未知的领域进行试探和开拓，都需要你们进一步努力钻研，努力学习，努力思考。你们的志愿是作为科学工作者，自然不能抛弃科学实验。如果从广义来说，科学实验是做任何工作的人都必须进行的。调查研究，蹲点试点，也就是科学实验。在科学实验之外，任何人都必须进行阶级斗争和生产斗争，同学们当然不能除外。但要从事阶级斗争，就必须向革命先辈们学习；要做好生产斗争，就必须向生产能手们学习。学习，学习，再学习。这是我们毕生的事业，不能允许我们有丝毫的懈怠和骄傲。我们必须永远抱着学习的态度，学到我们的生理机能最后停止的一刻。

在这里我还要特别提到，对于毛泽东思想的学习，我们今后还必须继续不断地加强。毛主席的思想是马列主义发展的最高阶段，是科学的社会主义的最高尖端。这是世界各国的革命者所共同公认的。目前世界各国的革命者都把毛主席的著作（这里面也包含着毛主席的诗词）作为革命的经典，苦心孤诣地争取译本阅读。我要顺便告诉大家，刚才提到的，党中央发表的驳斥修正主义者的八篇文章，译成外文以后已经在世界各国发行了270多万份。这里面还没有包括各国共产党人和进步人士自己翻印的在内。从此可见，以毛主席的思想为中心，一个世界范围的学习马列主义的高潮已经卷起了轩然大波。我们作为中国人，能够直接阅读毛主席的著作和党中央的各项重要文件，是多么幸福的事。我们是近水楼台，向阳花木，别的国家的革命人士对于我们是怀抱着无限羡慕的心情的。

值得我们高兴的是，1960年本校曾经掀起了学习毛泽东著作的运动，自此以后，学习已成为自觉的行动了。这是再好也没有的事。我们希望同学们要永远保持着这种自觉的行动。大家知道，雷锋同志是一位牧猪的孤儿。他之所以能够从一个只知道要为父母兄弟报仇的苦孩子，成长为念念不忘世界革命的共产主义战士，最根本的原因就是经常阅读毛主席的著作，把主席的思想和自己的实践紧密地联系着，即知即行，活学活用。这就是雷锋同志之所以值得我们学习的地方。我们应该遵照毛主席的指示："向雷锋同志学习。"怎样学习呢？就是要我们人人都能够像雷锋同志那样联系着实践学习毛主席的著作，人人都成为言行一致的革命者。同学们，我们不要辜负毛主席的殷切期待，让我们共同努力吧。

同学们，你们是母校第一批毕业生，同时也就是后续同学们的开路先锋。你们绝大多数很快就要离开母校了，母校对于你们的希望是说不尽的，但总希望你们在参加伟大革命运动中，要站稳自己的阶级立场，提高自己的工作能力，增进自己的身体健康，以便在各方面作出更多更好的成绩，为后续的同学们提供良好的模范，让他们跟着你们的步伐前进。同时也还希望你们和母校保持经常的联系，报告你们不断进步的消息，提出你们对母校的要求和意见，我们将从你们那里得到很大的鼓舞和帮助，尽快地改进我们的工作，满足你们的要求。

同学们，我的话快要结束了。我听到了你们刚才合唱的校歌，那是1958年9月15日我接受同学们的要求而写出的，并请延安抗日军政大学校歌的作曲者吕骥同志作了谱。校歌的调子，听起来沉着而有力，觉得依然和今天的形势合拍。我相信，你们在离开了母校之后也还会喜欢唱的。可惜我不会唱歌，就让我把歌词朗诵一遍，作为我今天讲话的结束吧。

迎接着永恒的东风，
把红旗高举起来，
插上科学的高峰！
科学的高峰在不断创造，
高峰要高到无穷，
红旗要红过九重。
我们是中国的好儿女，
要刻苦锻炼，辛勤劳动，
在党的温暖抚育、坚强领导下，
为共产主义事业作先锋。
又红又专，理实交融，
团结互助，活泼英勇，
永远向人民学习，
学习伟大领袖毛泽东。

档号：1963-WS-Y-18-2

郭沫若

大爱铸魂

短文寄语

发扬五四运动的光辉传统

（1959年4月8日）

五四运动的政治任务是反对帝国主义和封建主义。这两项任务基本上已经完成了。

五四运动的文化任务是欢迎民主和科学。关于民主的争取，已经由旧民主主义通过新民主主义而达到社会主义民主的阶段。关于科学，特别是在一九五八年伴随着工农业生产的大跃进而有了科学的大跃进。

这些辉煌的成就都是在党的英明领导之下取得的，也就是马克思列宁主义和中国的革命实践相结合的创造性的结晶。

但我们的任务并不是已经完全结束了。帝国主义还存在着的一天，我们必须和它斗争到底。我们还必须彻底清除封建思想的残余，并严防资产阶级思想的侵蚀。

要彻底完成反帝反封建的任务，还必须巩固和发扬民主精神，大走群众路线；还必须加强科学研究，不断地夺取并创造科学的最高峰！

要做到这样，必须进一步坚决地接受党的领导，必须进一步灵活地运用马克思列宁主义！

同学们，让我们共同努力吧！

原文手稿

发扬五四运动的光辉传统　郭沫若

五四运动的政治任务是反对帝国主义和封建主义。这两项任务基本上已经完成了。

五四运动的文化任务是欢迎民主和科学。关于民主的争取，已经由旧民主主义通过新民主主义而达到社会主义民主的阶段。关于科学，特别是在一九五八年伴随着工农业生产的大跃进而有了科学的大跃进。

这些光辉灿烂的成就都是在党的英明领导之下取得的，也就是马克思列宁主义和中国的革命实际相结合的创造性的结晶。

但我们的任务并不是已经完全结束了。帝国主义还存在着的一天，我们必须和它斗争到底。我们还必须彻底清除封建思想的残余，严防资产阶级思想的侵蚀。

要彻底完成反帝反封建的任务，还必须巩固和发扬民主精神，大走群众路线；还必须加强科学研究，不断地攀登和创造科学的最高峰！

要做到这样，必须进一步坚决地接受党的领导，必须进一步灵活地运用马克思列宁主义！

同学们，让我们共同努力吧！

一九五九年四月八日。

档号：1959-WS-Y-24-1

中国科学技术大学介绍

（1959年5月21日）

中国的科学研究是有历史渊源的。谁都知道促进现代文明发展的三大发明，指南针、火药、活字版，是中国很早以来的发明。

但中国受到长期的封建制度的统治，更加上百年来殖民主义的残酷摧残，中国的生产落后了，因而科学的发展也就受到很大的束缚。

1949年的中国人民革命胜利了，中国人民的生产力得到解放，中国的科学技术也得到解放。今年我们就要迎接到人民中国光荣的建国十周年，十年来中国生产事业的跃进，中国科学技术的跃进，是特别惊人的。

生产事业的跃进和科学技术的跃进有相互的因果关系。大规模的社会主义建设事业特别需要大量的科学技术人才和高度的科学技术水平。反过来，有了大量的科学技术人才和高度的科学技术水平也就可以保证社会主义建设事业的进展。

因此，我们的国家对于科学技术人才的培养是特别重视的。我们已经有了不少的综合大学和专业学院，但我们在去年（1958年）却又创造了一座直属于中国科学院的中国科学技术大学。

这座大学的特点是在专门培养属于尖端科学的科学技术人才。如原子核物理、半导体物理、无线电电子学、自动化和远程控制、高分子化学、放射化学等，二三十年来最新型的科学技术部门便是我们的重点学科。

大家都知道，目前是原子能的时代，是电子计算机的时代，是人造卫星、宇宙火箭的时代。人类已跨进了进一步征服自然、征服宇宙的领域。人类已经能够进一步解放并控制自然的力量为人类幸福服务。

我们的社会主义事业，终极的目的就是要不断地提高人民的物质生活和文化生活水平，因而我们要不断地追求科学的尖端，不断地扩展科学的基础。

中国科学技术大学建立的目的就是为了适应目前的时代而担当建设的任务。

这个大学直属于科学院，有它的特别便利的地方。科学院有不少的高级研究人员、高级专家可以到大学里来任课，大学的学生可以到科学院的各个专业研究所去实习，教学与研究是紧密地结合着的。

大学毕业生主要即成为科学院的未来的研究人员，在专业培养上可以进行有目标、有系统、有计划的部署，因而可以免掉多走弯路。

当然，我们所需要的人才是社会主义的建设人才。因此，我们的学生不仅希望他在科学技术上要有专长，而且希望他在思想品质上也要端正。教育和劳动相结合，这是我们的总方针。我们所培养出来的人才必须是工人阶级的红色专家。在这个目标上，我们和全国的综合大学、专业学院乃至各种各级的任何学校都没有两样。

我们的教育方针是正确的。十年来我们已经训练出了大批的社会主义建设人才，中国科学技术大学也必将顺畅地执行着它的任务，训练出一批又一批德才兼备的科学尖兵，为国家建设服务，为科学发展服务。

世界的科学技术水平是在不断提高的，我们也必须不断提高。我们要在不太长的时期中赶上世界的科学水平，使中国科学的新的发明发现，不愧于我们的祖先，对于世界和平和人类幸福，能够有不断的贡献。

原文手稿

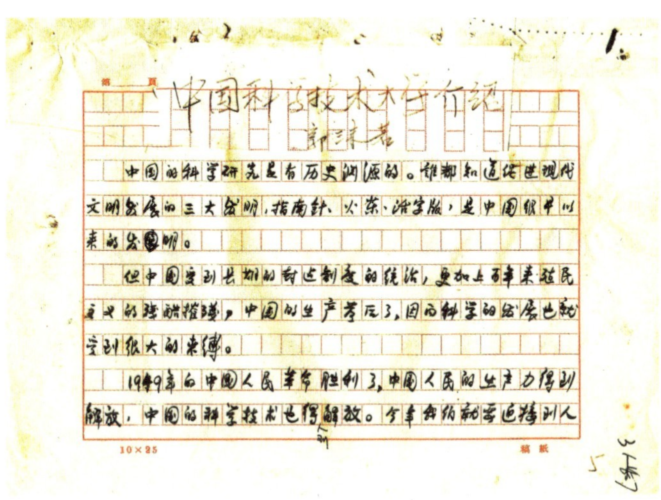

1.

中国科学技术大学介绍

郭沫若

中国的科学研究是有历史渊源的。谁都知道促进现代文明发展的三大发明，指南针、火药、活字版，是中国很早以来的发明。

但中国受到长期的封建制度的统治，更加上百年来殖民主义的残酷搜刮，中国的生产落后了，因而科学的发展也就受到很大的束缚。

1949年的中国人民革命胜利了，中国人民的生产力得到解放，中国的科学技术也得解放。今年我们就要迎接到人

10×25 稿紙

2.

民中国光荣的建国十周年，十年来中国生产事业的跃进，中国科学技术的跃进，是特别惊人的。

生产事业的跃进和科学技术的跃进有相互的因果关系。大规模的社会主义建设事业特别需要大量的科学技术人才和高度的科学技术水平。反过来，有了大量的科学技术人才和高度的科学技术水平也就可以保证社会主义建设事业的进展。

因此，我们的国家对于科学技术人才的培养是特别重视的。我们已经有了不少的综合大学和专业学院，但我们在去年（1958年）却创建了一座直属于中国科学院的中国科学

10×25 稿紙

3.

技术大学。

这座大学的特点是专门培养属于尖端科学的科学技术人才。如原子核物理、半导体物理、无线电电子学、自动化和远程控制、高分子化学、放射化学等，二三十年来最新型的科学技术部门便是我们的重点学科。

大家都知道，目前是原子能的时代，是电子计算机的时代，是人造卫星、宇宙火箭的时代。人类已跨进了进一步征服自然、征服宇宙的领域。人类已经能够进一步解放并控制自然的力量为人类幸福服务。

我们的社会主义事业，终极的目的就是要不断地提高

10×25 稿紙

4.

人民的物质生活和文化生活水平，因而我们要不断地追求科学的尖端，不断地扩展科学的基础。

中国科学技术大学建立的目的就是为了适应目前的时代而担当建设的任务。

这个大学直属于科学院，有它的特别便利的地方。科学院有不少的高级研究员、高级专家可以到大学里来讲课，大学的学生可以到科学院的各个专业研究所去实习，教学与研究是紧密地结合着的。

大学毕业生主要即成为科学院的未来的研究人员，在专业培养上可以进行有目标、有系统、有计划的部署，因而可

5.

以免掉多走弯路。

当然，我们所需要的人才是社会主义的建设人才。因此，我们的学生不仅要在科学技术上有专长，而且要在思想品质上端正。教育和劳动相结合，这是我们的总方针。我们所培养出来的人才必须是工人阶级的红色专家。在这个目标上，我们和全国的综合大学、专业学院以及各种各级的学校都没有两样。

我们的教育方针是正确的。十年来我们已经训练出了大批的社会主义建设人才，中国科学技术大学也必将顺畅地执行着它的任务，训练出一

6.

批又一批德才兼备的科学尖兵，为国家建设服务，为科学发展服务。

世界的科学技术水平是在不断提高的，我们也必须不断提高。我们要在不太长的时期中赶上世界的科学水平，使中国科学的新的发明发现，不愧于我们的祖先，对于世界和平和人类幸福，能够有不断的贡献。

1959年五月21日。

档号：1959-WS-Y-24-2

《中国科学技术大学建校五周年纪念科学论文集》发刊词[①]

（1963年12月10日）

中国科学技术大学建校五周年了。

在党领导下，进行社会主义建设，要把祖国建设成为农业现代化、工业现代化、国防现代化、科学技术现代化的社会主义强国，这是我们的历史使命。

科学技术现代化尤其是四个现代化中的关键问题。为国家多多培养出科学人才，多多贡献出科学成果，这是本校建校的根本任务。

建校五年，我们第一次初步培养出了一批科学人才，今后还将源源不断地增加人才的数量，并提高人才的质量。质量的提高是包含着已毕业的同学们的不断努力，提高自己的学术水平和业务水平而言。

为了纪念校庆，教师们和同学们决定编辑出版“科学论文集”，收集教师们与同学们的科学论著以为纪念。

这为本校开辟出了一个“百家争鸣、百花齐放”的园地，确实是出成果的一个好方法。不仅可以促进本校科研工作的开展，活跃本校的学术空气；并通过相互观摩、交流经验，更可以不断地提高教学质量和学术水平。

既出人才，又出成果，两者是互相连带的。成果的数量和质量也希望不断地增加和提高。

同一科系对同一问题提出不同的看法，这是一种争鸣。不同科系本着社会主义竞赛的精神，争出成果，这也是一种争鸣。这后一种争鸣，事实上也就是百花齐放。

---

① 本文原载于《中国科学技术大学建校五周年纪念科学论文集》。

不同科系的竞赛是应当欢迎的，不同意见的争论也是应当欢迎的。在科学技术岗位上，争社会主义之鸣，放社会主义之花，断然可以保证提高我们的学术水平，乃至教学质量。

我们算迈出了万里长征第一步。我们要不断努力，不断前进，踏破任何艰险的途径，攀登上科学高峰并不断创造科学高峰，逐步完成并开拓我们的历史使命。

《中国科学技术大学学报》发刊词

（1964年12月11日）

中国科学技术大学自1958年创建以来，已经有六年的历史了。学校已经培养出了两批毕业生，分别走上了国家建设岗位，大抵上符合国家所需要的红专并进的人才标准。这是在党领导下，在毛泽东思想的光辉照耀下所取得的初步成果。我们应该戒骄戒躁，不断努力，争取各方面工作的不断进步。

现在，为了适应学校教学工作和科学研究工作的发展，为了加强与兄弟院校、科研单位的相互学习和交流经验，我们决定出版《中国科学技术大学学报》，公开发行。

学报的内容包括数学、物理、近代化学、近代物理、近代力学、无线电等多个方面的教学和研究论文。准备每半年出一期，编辑和选稿工作要尽可能保持严密、严格、严肃的态度，以保证学报的质量。

当然，这三严态度要和三敢精神紧密地结合起来。我们要严于律已，正是为了要培养我们的敢想、敢说、敢做的独创精神，决（绝）不是束缚我们的独创精神。独创精神不是不负责任的胡思乱想、胡说八道、胡作非为，而是在坚实的科学基础上的创造性的解放，前无古人，勇往直前。

俗语说："理直气壮。"这是一个很好的谚言。"理"要怎样才能"直"，就是要有三严的科学基础。道理如果合乎科学律令，那我们的勇气就会壮大起来了，不仅可以增加百倍，而是可以增加到无数倍。独创的理论，起初总是占少数的，不然何以成为"独创"呢？

但尽管少数，甚至于止（只）是“独”——只此一家，它却能说服众人而压倒多数。尽管虚假的多数，一时压不倒，但因真理在自己的一边，自己便敢于和多数的不合理者作不挠的斗争，甚至把生死置诸度外。历来的革命家都具有这样的精神，杰出的科学工作者也往往如是。例如大家知道的布鲁诺（Giordano Bruno，1548—1600）便宁肯被天主教徒烧死，而不愿改变自己的科学主张。到现在来说，当然是布鲁诺的胜利，而决（绝）不是狂妄的天主教徒们的胜利了。

今天我们生在毛泽东时代，正是真理的光辉照彻着我们每一个人的身内世界和身外世界的时代。我们的国家，在任何工作方面，都要求我们以三严的态度和三敢精神紧相结合，要求进行三大革命，彻底地不断地全面地革命化。今天的中国，毫无疑问，已经进入了独创性蓬勃发展的时期。我们在党的“百花齐放、百家争鸣”的方针政策之下，正在大规模地进行着比学赶帮，独创的见解会如雨后春笋一样产生出来，而且会很快受到鼓励和重视。布鲁诺的时代，在我们是永去不复返了。

学报正是“百花齐放、百家争鸣”的园地。让我们好好地来培植这个园地吧。让这儿有四时不息的香花，有万籁共鸣的交响。让我们的教学工作、科研工作不断进步。让我们的四个现代化的国家建设事业，一步一步地走上更高的阶段。

原文手稿

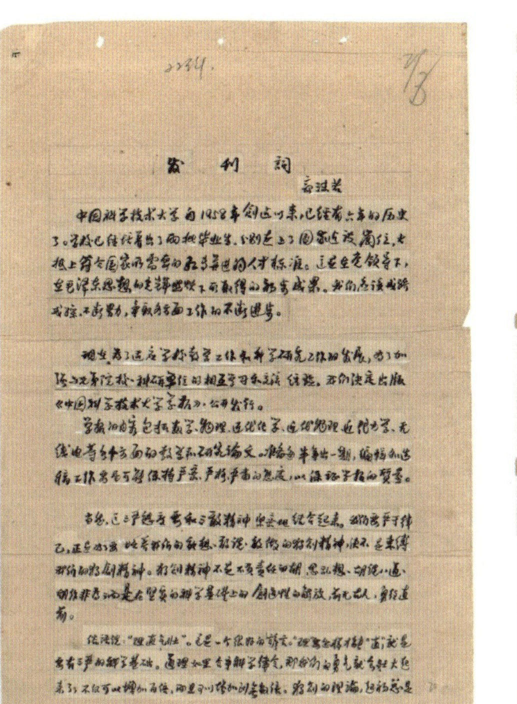

2234.

发刊词

郭沫若

中国科学技术大学自1958年创立以来，已经有六年的历史了。学校已经培养出了两批毕业生，分别走上了国家建设岗位，大体上符合国家所需要的红与专并进的人才标准。这是在党领导下，在毛泽东思想的光辉照耀下所取得的初步成果。我们应该戒骄戒躁，不断努力，争取各方面工作的不断进步。

现在，为了适应学校教学工作和科学研究工作的发展，为了加强与兄弟院校、科研单位的相互学习和交流经验，我们决定出版《中国科学技术大学学报》，公开发行。

学报的内容包括数学、物理、近代化学、近代物理、近代力学、无线电等各个方面的教学和研究论文，准备每半年出一期。编辑和选稿工作要尽可能保持严肃、严格、严密的态度，以保证学报的质量。

当然，这三严态度要和三敢精神密切地结合起来。我们需要严于律己，正象我们要求同学们的敢想、敢说、敢做的独创精神，决不是束缚我们的独创精神。独创精神不是不负责任的胡思乱想、胡说八道、胡作非为，而是在坚实的科学基础上的创造性的解放，前无古人，勇往直前。

俗话说，"理直气壮"。这是一句很好的话。"理直气壮"首先就是要有正确的科学基础。道理如果合乎科学律令，那我们的勇气就会壮大起来了，不但可以增加自信，而且可以增加对方的信任。独创的理论，起初总是

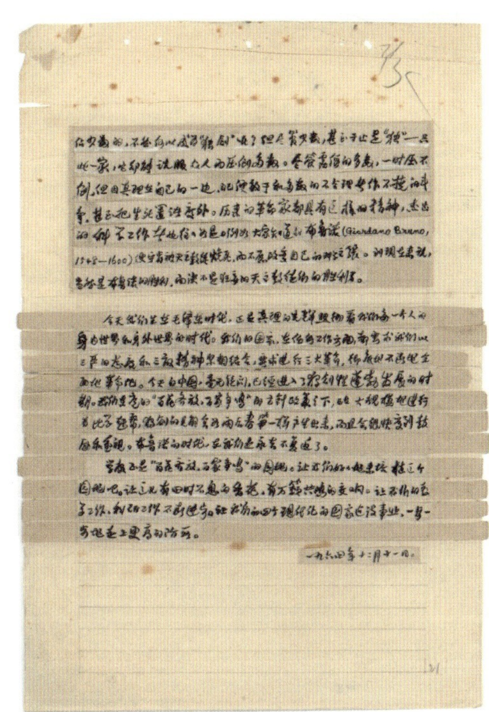

经少数人，不然何以成为"独创"呢？但尽管少数，甚至于只是"独"一无二的一家，也能够说服众人而压倒多数。尽管当前的多数，一时压不倒，但由真理是在自己的一边，就应敢于和多数的不合理的作不挠的斗争，甚至把生死置之度外。历来的革命家都具有这样的精神，杰出的科学工作者也往往是这样的。大家知道的布鲁诺（Giordano Bruno，1548—1600）宁肯被天主教徒烧死，而不愿放弃自己的科学主张。从现在看来，当然是布鲁诺的胜利，而决不是残暴的天主教徒们的胜利了。

今天我们是在毛泽东时代，这是真理的光辉照耀着我们每一个人的身内世界和身外世界的时代。我们的国家，在任何工作方面，都要求我们以三严的态度和三敢精神紧密结合，要求进行三大革命，彻底地不断地全面地革命化。今天的中国，无论在哪方面，已经进入了独创性蓬勃出发的时期。在我们党定的"百花齐放，百家争鸣"的方针政策之下，以大规模地进行着比学赶帮，独创的见解会像雨后春笋一样产生出来，而且会能够受到鼓励和重视。布鲁诺的时代，在我们是永远不会再回来了。

学报正是"百花齐放，百家争鸣"的园地。让我们好好地来培植这个园地吧。让这儿有四时不断的鲜花，有万籁共鸣的交响。让我们的教学工作、科研工作不断进步。让我们为四个现代化的国家建设事业，一步一步地走上更高的阶段。

一九六四年十二月十一日。

档号：1964-WS-Y-30-5

郭沫若 大爱铸魂

题词手迹

郭沫若题写的校风

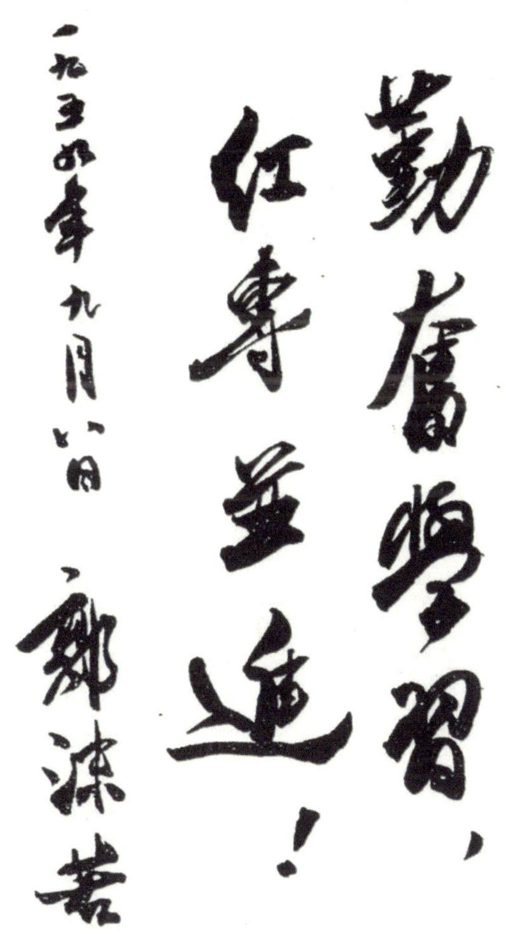

1959年9月8日，郭沫若题写的校风“勤奋学习，红专并进！”

档号：2004-RW12-1-9

郭沫若给学生的新年祝词

绳可锯木断，
水可滴石穿。
苦干兼巧干，
坚持持久战。
郭沫若
一九五八年除夕

1958年除夕,郭沫若给学生题写的新年祝词(一)

绳可锯木断，水可滴石穿。苦干并巧干，坚持持久战。

档号:1959-WS-Y-27-2

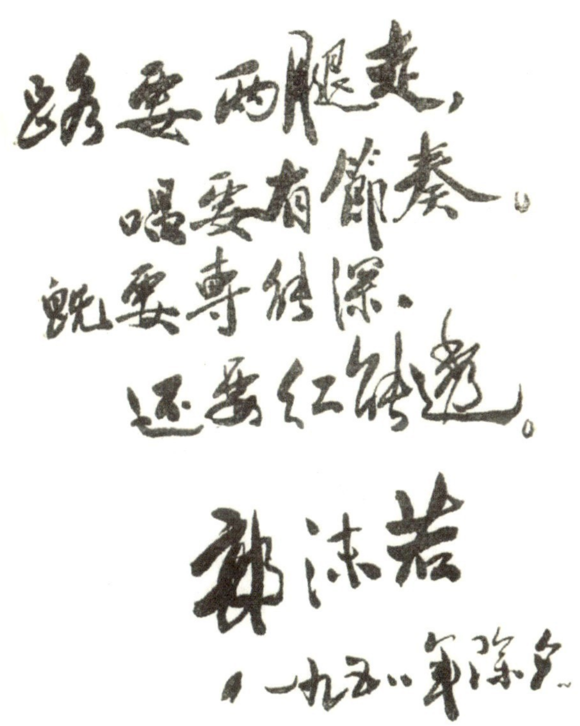

1958年除夕，郭沫若给学生题写的新年祝词(二)

路要两腿走，唱要有节奏。既要专能深，还要红能透。

档号：1959-WS-Y-27-2

凡事不怕难，
临事无须惧。
不作浮夸家，
两脚踏实地。
郭沫若
一九五八年除夕

1958年除夕,郭沫若给学生题写的新年祝词(三)

凡事不怕难，临事无须惧。不作浮夸家，两脚踏实地。

档号:1959-WS-Y-27-2

毛主席在文艺创作中提出了
革命的现实主义与革命的浪漫主义
相结合的方针，据我看来，这在
科学技术研究上也一样适用。
科学技术是最看重实事求是的，
但也必须有大胆创造的共产主义
风格，才能有多量的高度的新的
发明、发现。我希望同学们在
实事求是的基础上大胆创造，
在大胆创造的风格中实事求是。
一九五八年除夕 郭沫若

1958年除夕，郭沫若给学生题写的新年祝词（四）

毛主席在文艺创作中提出了革命的现实主义与革命的浪漫主义相结合的方针，据我看来，这在科学技术研究上也一样适用。科学技术是最看重实事求是的，但也必须有大胆创造的共产主义风格，才能有多量的高度的新的发明、发现。我希望同学们在实事求是的基础上大胆创造，在大胆创造的风格中实事求是。

档号：2004-RW12-1-7

郭沫若在五四运动四十周年时给学生的题词

1959年5月4日,郭沫若在五四运动四十周年时给学生的题词

要建成社会主义必须发展科学技术,培养出一批又红又专的科学人才。科学技术并非高不可攀,红透专深也并非特别困难,只要鼓足干劲,力争上游,在毛泽东时代的青年没有任何不能克服的难事。科学技术大学欢迎一切有志的青年,共同踏破科学的高峰并创造科学的更高峰,多快好省地建设社会主义。

档号:2004-RW12-1-8

郭沫若给学生的题词

1965年6月28日，郭沫若给学生的题词

国家需要红色的接班人，把社会主义革命进行到底，把解放全人类的世界革命进行到底。作为中国的青年是很幸福的，要成为这样的接班人——彻底的革命派，有最可靠的捷径。那就是读毛主席的书，听毛主席的话，照毛主席的指示办事，做毛主席的好学生。同学们！让我们更高地举起毛泽东思想的伟大红旗，积极地参加阶级斗争、生产斗争、科学实验三项伟大革命运动，不断地改造世界并改造自己，不断地前进！

档号：2004-RW12-1-10

郭沫若给龚昇同志的题词

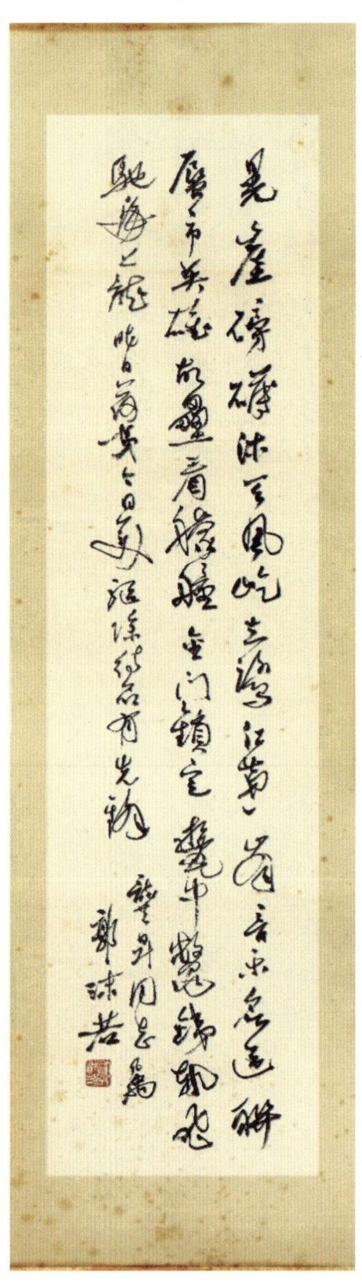

晃崖磅礴沐天风，
屹立鹭江第一峰。
音乐名区联蜃市，
英雄故垒看艨艟。
金门锁定瓮中鳖，
铁轨飞驰海上龙。
昨日荷夷今日美，
驱除待命有先锋。

1963年春，郭沫若给龚昇同志的题词（一）

档号：1963-SW11-Y-2

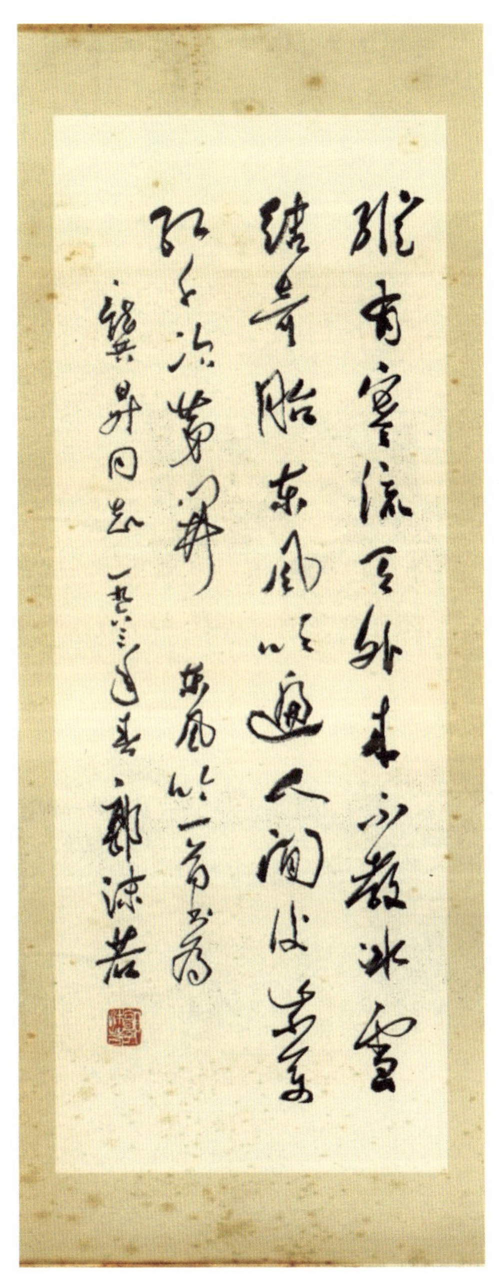

1963年春，郭沫若给龚昇同志的题词（二）

纵有寒流天外来，
不教冰雪结奇胎。
东风吹遍人间后，
紫万红千次第开。

档号：1963-SW11-Y-1

郭沫若给校刊的题词

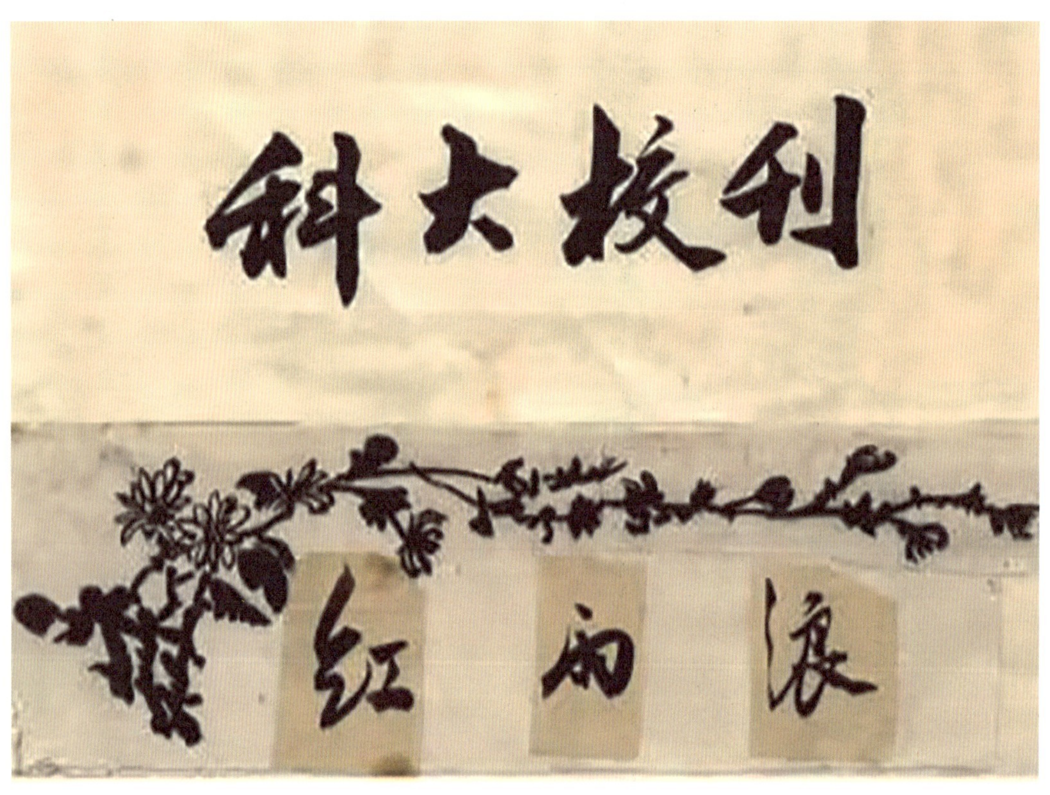

1958年,郭沫若题写的"科大校刊"和副刊栏目"红雨浪"

档号:1958-WS-Y-8-2

郭沫若书法作品《毛主席语录》

1965年秋，郭沫若送给学校的书法作品《毛主席语录》

人类的历史，就是一个不断地从必然王国向自由王国发展的历史。这个历史永远不会完结。在有阶级存在的社会内，阶级斗争不会完结。在无阶级存在的社会内，新与旧、正确与错误之间的斗争永远不会完结。在生产斗争和科学实验范围内，人类总是不断发展的，自然界也总是不断发展的，永远不会停止在一个水平上。因此，人类总得不断地总结经验，有所发现，有所发明，有所创造，有所前进。

档号：2004-RW12-1-11

郭沫若

大爱铸魂

往来书信

郭沫若关于开学典礼致辞和校歌修改情况致郁文函①

郁文同志：

开幕词，请您审阅。

内容昨天向总理讲过，他说："可以，是施政方针了。"当时，聂总、彭真同志都在。

校歌，总理改了两个字，便是"为共产主义建设作先锋"，把"建设"改为"事业"。

"伟大的领袖毛泽东"，吕骥同志删去了"的"，因发音与"大"字重复，可以同意。

明天上午吕骥同志可能一道去八宝山。

敬礼！

郭沫若

十八日

注：此信是1958年9月18日郭沫若校长写给校党委书记郁文同志的。八宝山，指中国科大的原校址所在地。

① 本文原载于《中国科学技术大学20周年校庆纪念册》。

永恒的东风

1=F 2/4
自豪地 不太快

中国科学技术大学校歌

郭沫若 词
吕 骥 曲

(6 6 6 | 5 6 | 5 31 | 2 65 | 10 20 | 30 50 | 6· 6 | 5 –) |

5 5 6 | 5·4 32 | 1· 2 | 5 05 | 6 5 | 1·3 53 | 6 – | 6 0 |
迎接着永恒的东风，把红旗高举起来！

5· 6 | 5 3·1 | 2 35 | 2 0 | 5 5 6 | 5·4 32 | 1·1 12 | 5 0 |
插上科学的高峰，科学的高峰在不断创造。

6 55 | 1·3 56 | 3 – | 3 0 | 5 5 6 | 5· 3 | 2 36 | 5 0 |
高峰要高到无穷，红旗要红过九重。

3 33 | 3 3 3 | 2·3 21 | 6 05 | 1·3 56 | 5 0 | 2·3 21 | 2 05 |
我们是中国的好儿女，要刻苦锻炼，辛勤劳动，在

3·333 | 2 3 | 2·3 21 | 6 05 | 5·5 55 | 6 66 | 5 2 | 5 – |
党的温暖抚育坚强领导下，为共产主义事业做先锋。

6·6 56 | 3 0 | 2·5 31 | 2 0 | 50 10 | 50 30 | 2·2 6 | 5 0 |
又红又专，理实交融，团结互助，活泼英勇！

6 6 6 | 5 6 | 5 31 | 2 65 | 10 20 | 30 50 |1. 6· 6 | 5 – :||
永远向人民学习，学习伟大领袖毛泽东！

2. 6 – | 6 6 | 5 – | 5 – ||
毛泽东！

郭沫若作词、吕骥作曲的中国科大校歌《永恒的东风》

郭沫若关于捐赠两万元稿费解决学生困难致郁文函

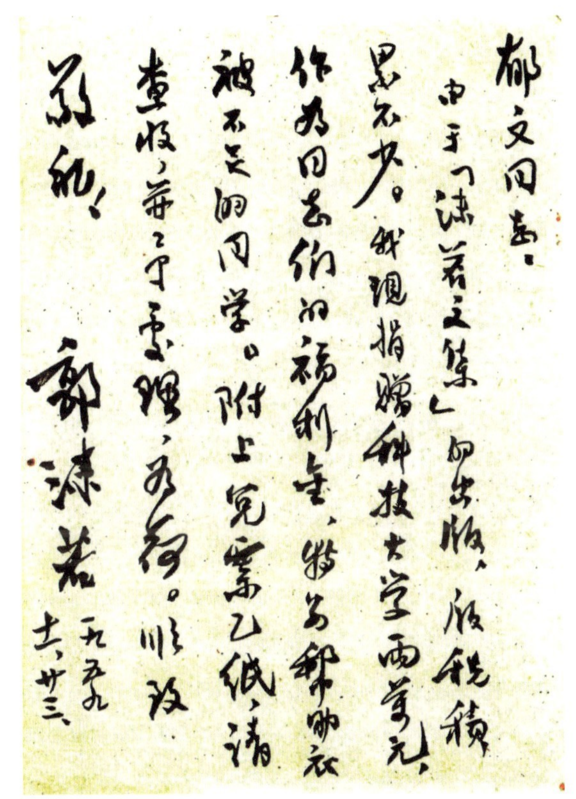

郁文同志：

由于「沫若文集」的出版，版税积累不少。我现捐赠科技大学两万元，作为同志们的福利金，特为帮助衣被不足的同学。附上兑票乙纸，请查收，并予处理，为荷。顺致

敬礼！

郭沫若 一九五九 十一、廿三

郁文同志：

由于《沫若文集》的出版，版税积累不少。我现捐赠科技大学两万元，作为同志们的福利金，特为帮助衣被不足的同学。附上兑票乙纸，请查收，并予处理，为荷。顺致敬礼！

郭沫若

一九五九年十一月二十三日

档号：1959-WS-Y-25-1

郭沫若校长与1960级学生耿庆国的来往书信

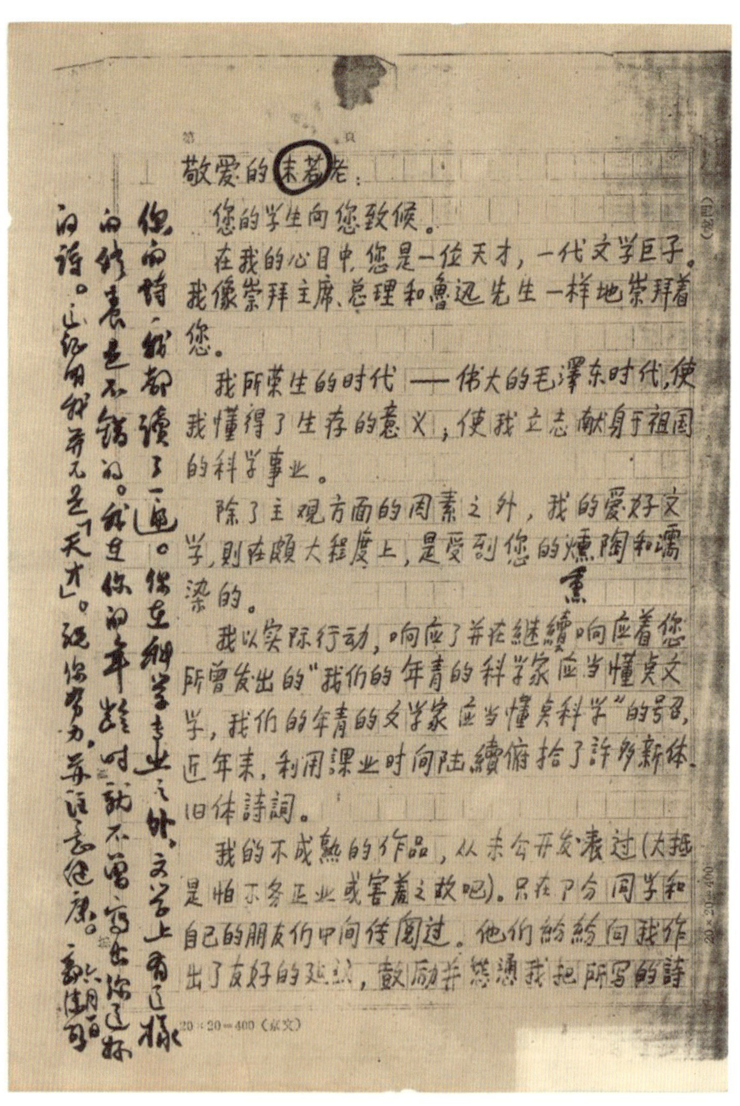

第　页

敬爱的沫若老：

您的学生向您致候。

在我的心目中，您是一位天才，一代文学巨子。我像崇拜主席、总理和鲁迅先生一样地崇拜着您。

我所荣生的时代——伟大的毛泽东时代，使我懂得了生存的意义；使我立志献身于祖国的科学事业。

除了主观方面的因素之外，我的爱好文学，则在颇大程度上，是受到您的熏陶和濡染的。

我以实际行动，响应了并在继续响应着您所曾发出的"我们的年青的科学家应当懂点文学，我们的年青的文学家应当懂点科学"的号召，近年来，利用课业时间陆续循拾了许多新体旧体诗词。

我的不成熟的作品，从未公开发表过（大概是怕不务正业或害羞之故吧）。只在了今同学和自己的朋友们中间传阅过。他们纷纷向我作出了友好的建议，鼓励并怂恿我把所写的诗

20×20=400（京文）

你的诗，我都读了一遍。你在细学专业之外，文学上有这样的修养是不错的。我在你的年龄时就不曾写出你这样的诗。但须明白我并不是「天才」。祝你努力，并注意健康。

郭沫若 六月四日

郭沫若校长与1960级学生耿庆国的来往书信（一）

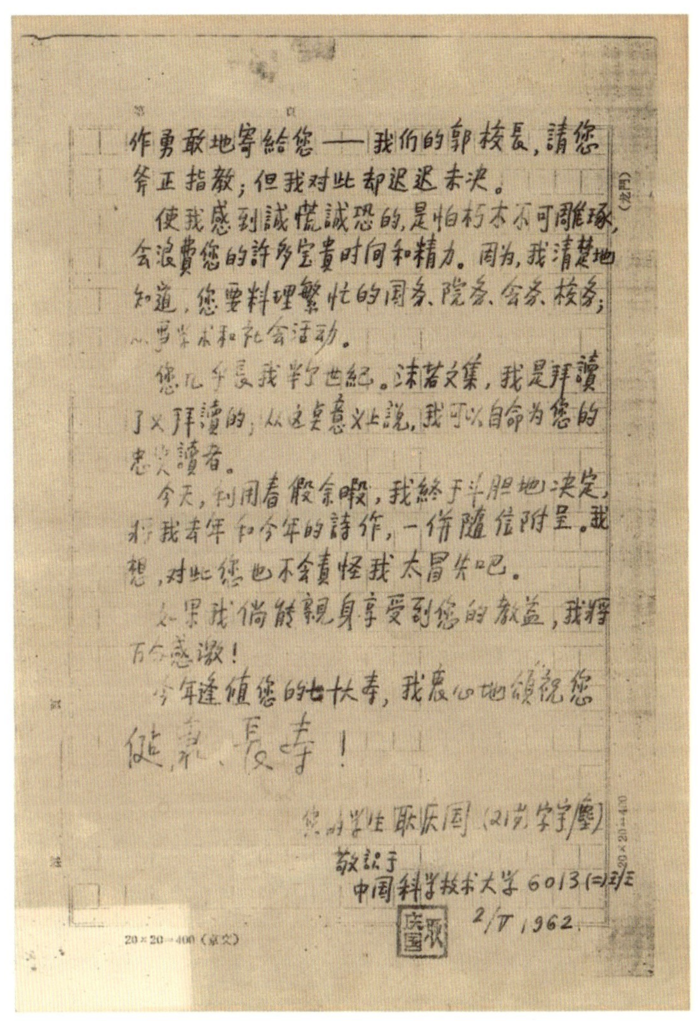

作勇敢地寄给您——我们的郭校長，請您斧正指教；但我对此却迟迟未决。

使我感到誠慌誠恐的，是怕朽木不可雕琢，会浪費您的許多宝貴时间和精力。因为，我清楚地知道，您要料理繁忙的国务、院务、会务、校务；从事学术和社会活动。

您几乎長我半个世紀。沫若文集，我是拜讀了又拜讀的；从这桌意义上說，我可以自命为您的忠实讀者。

今天，利用春假余暇，我終于斗胆地决定，将我去年和今年的詩作，一併隨信附呈。我想，对此您也不会責怪我太冒失吧。

如果我倘能親身享受到您的教益，我將万分感激！

今年逢值您的七十大寿，我衷心地頌祝您健康、長寿！

您的学生耿庆国（21岁学子/壓）

敬啟于

中国科学技术大学6013(二)班

2/Ⅴ 1962.

庆国耿

20×20=400（京文）

郭沫若校长与1960级学生耿庆国的来往书信（二）

你的诗，我都读了一遍。你在科学专业之外，文学上有这样的修养是不错的。我在你的年龄时，就不曾写出你这样的诗。这证明我并不是“天才”。祝你努力，并注意健康。

郭沫若

六月一日

档号：2004-RW12-1-2

郭沫若致1959级学生刘凌霄的信

中国科学院

刘凌霄同志：

你的信和诗，我都读了。我也和韵一首，写寄给你，可以拟题为「美帝篇」。但我希望你努力学习，不要多费时间搞旧诗。

美帝而今已腐朽，寿命焉能望长久？滚滚黄金往外流，美元气焰复何有！艾克糊涂一老将，挽回颓势已绝望。过河小卒肯尼迪，别无可取唯妙摆。经济危机卷大波，行看蹎蹶倒银河。绞绳自套死不悟，犹思耀武弄干戈。满危世纪倒已开，军费年年筑债台。不以根本施救济，只图转嫁肯消埃。国外基地遍九陔，百多十万人湛探。生活糜烂天荒破，方方憎恨正发酵。

地址：文津街三号

中国科学院

铜像游街事可哀，曼德列斯成死灰。试问东瀛岸信介，往日威风安在哉？连锁反应相继起，根除战祸知所以。无非狂美贼同仇，不获纸虎誓不止。我求重设莫草草，胜算须操期最好。科学登上第一峰，火箭攀云摘星昴。

郭沫若

一九六一年十一月廿日

地址：文津街三号

刘凌霄同志：

你的信和诗，我都读了。我叠韵一首，写寄给你，可以标题为《美帝篇》。但我希望你努力抓功课，不要多费时间搞旧诗。

美帝已（而）今已腐朽，寿命焉能望长久？滚滚黄金往外流，美元氢弹复何有！艾克糊涂一老将，挽回颓势已绝望。过河小卒肯尼迪，别无可取唯少壮。经济危机卷大波，行看竭蹶倒银河。绞绳自套死不悟，犹思耀武弄干戈。漏卮卌亿例已开，军费年年筑债台。不从根本施救济，只图转嫁省涓埃。国外基地遍九陔，百五十万人湛杯。生活糜烂天荒破，万方憎恨正发醅。铜像游街事可哀，曼德列斯成死灰。试问东瀛岸信介，往日威风安在哉？连锁反应相继起，根除战祸知所以。亚非拉美赋同仇，不焚纸虎誓不止。战术重敌莫草草，胜算能操期最好。科学登上第一峰，火箭拏云摘星昴。

郭沫若

一九六〇年十一月廿一日

档号：1968-SW11-Y-1

郭沫若邀请聂荣臻参加中国科大首届毕业典礼的函

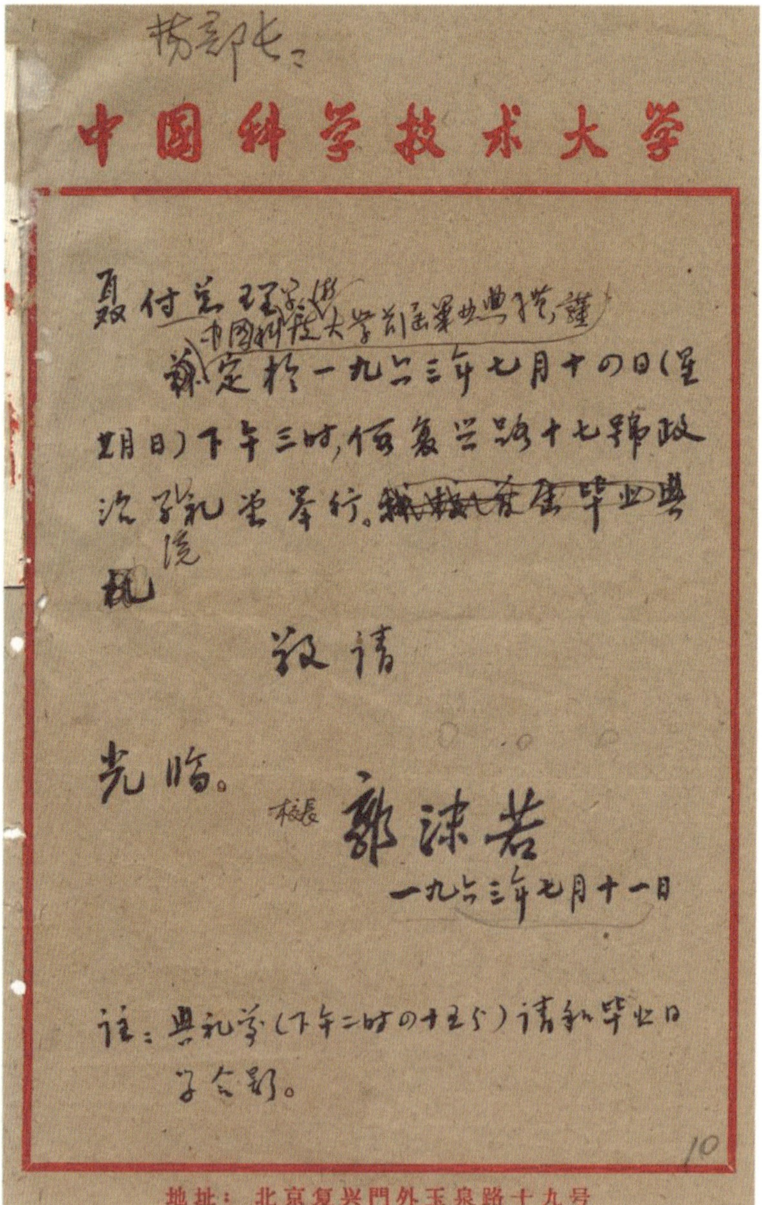

中国科学技术大学

聂付总理:

中国科技大学首届毕业典礼谨定于一九六三年七月十四日(星期日)下午三时,假复兴路十七號政治学院礼堂举行。

敬请

光临。

校長 郭沫若

一九六三年七月十一日

註:典礼前(下午二时四十五分)请和毕业同学合影。

地址:北京复兴門外玉泉路十九号

聂付（副）总理：

中国科学技术大学首届毕业典礼，谨定于一九六三年七月十四日（星期日）下午三时，假复兴路十七号政治学院礼堂举行。

敬请

光临。

校长　郭沫若

一九六三年七月十一日

注：典礼前（下午二时四十五分）请和毕业同学合影。

档号：1963-WS-Y-19-3

郭沫若 大爱铸魂

任职文件

郭沫若在中国科大任职的文件

国务院人事局（　　）稿

事由：	签发：30/9
主送机关：中国科学院	核稿：
抄送机关：	主办单位和拟稿人：9.30.
	打字　　校对
	国人　字第　号
附件：	58年9月30日

1958年9月24日国务院全体会议第80次会议通过任命郭沫若为中国科学技术大学校长。

特此通知。

第　　页　0086

1958年9月30日，国务院任命郭沫若为中国科大校长的文件

档号：1958-WS-Y-5-1

中国科大文档 1958年永久 案卷号5 第4件共 页

中国共产党中央宣傳部（公函） 1958 562号

主送 中国科学院党組　　抄送 教育部党組

关于中国科学技术大学領导人选的任免通知

1958年9月12日函悉。

中央10月8日批准：

郭沫若兼任中国科学技术大学校长；

晋曾毅任中国科学技术大学付校长，免去中国科学院数学研究所付所长职务；

郁文兼任中国科学技术大学党委书記；

免去肖佛先中国科学院管理局付局长职务；

免去張新銘中国科学院科学出版社付社长职务。

中央宣傳部

一九五八年十月二十二日

1958年10月22日，中央宣传部任命郭沫若为中国科大校长的文件

档号：1958-WS-Y-5-4

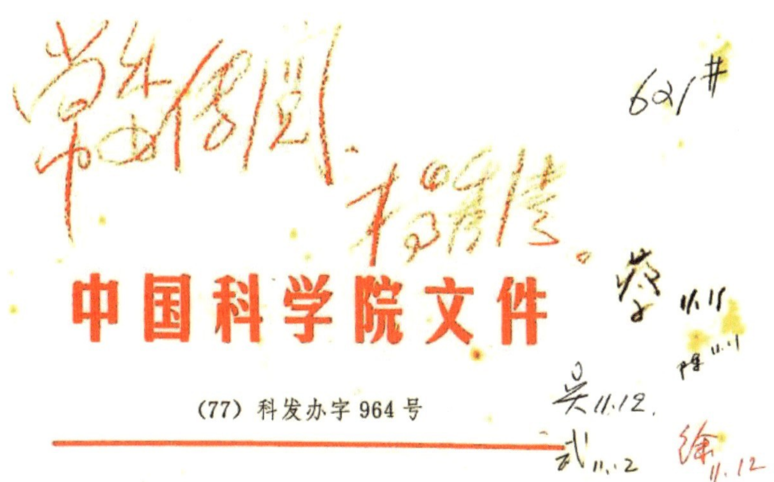

中国科学院文件

(77) 科发办字964号

中国科技大学仍由郭沫若同志兼任校长

中共安徽省委员会：

现将华主席、党中央批准的《关于仍由郭沫若同志兼任中国科学技术大学校长的请示报告》送上。请即向中国科学技术大学传达。

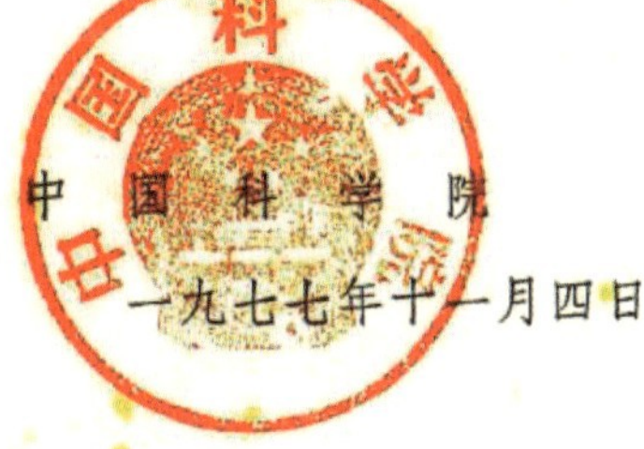

中国科学院

一九七七年十一月四日

抄送：国务院各有关部委，各省、市、自治区革委会

抄发：中国科学技术大学、院直属和双重领导单位、院政治部、院机关各局（室），国家地震局、国家标准计量局

1977年11月4日，中国科学院关于《中国科技大学仍由郭沫若同志兼任校长》的文件

档号：1977-WS-Y-22-1

大爱永存

郭沫若像

邓小平题

郭沫若奖学金

中国科学院文件

(80)科发教字0233号

中国科学技术大学：

关于在中国科学技术大学设立“郭沫若奖学金的请示报告”业经国务院批准。国务院批准在你校设立“郭沫若奖学金”是对全校广大师生员工的关怀与鼓励，同时也对科大提出了更高的期望。现将批件转发你校，请在一九八〇年起贯彻执行。

一九八〇年二月二十五日

抄送：教育部、财政部、国家科委、中国人民银行、安徽省人民政府、文教办、高教局、院办公厅、政研室、行政管理局、计划局、教育局

1980年2月25日，中国科学院转发国务院批准中国科大设立“郭沫若奖学金”的通知

档号：1980-WS-Y-53-3

"郭沫若奖学金"奖章和证书

档号:2004-RW12-1-25

1981年，安徽省委第一书记张劲夫(前中)和首届“郭沫若奖学金”获得者合影

注：郭沫若非常重视人才培养，中国科学院用他生前捐献的15万元稿费，在中国科大设立“郭沫若奖学金”。“郭沫若奖学金”是经国务院批准设立的新中国第一个奖学金，是中国科大学生的最高荣誉。

档号：1981-SX-Y-64

郭沫若像

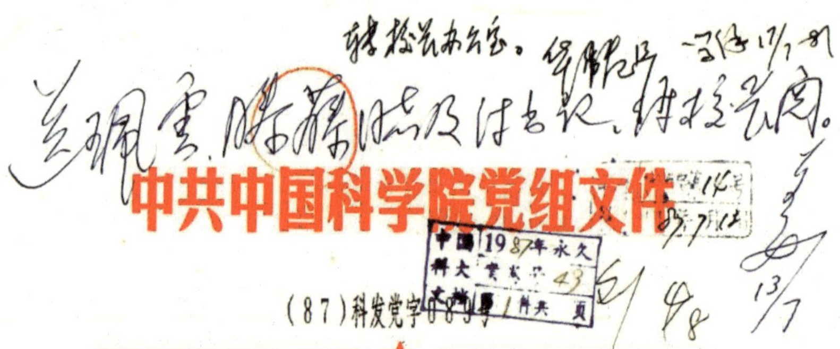

中共中国科学院党组文件

(87)科发党字089号

关于同意建立郭沫若塑像的批复

中国科学技术大学党委：

你校《关于建立郭沫若塑像的请示》收悉。经研究，同意你校在校园内建立郭沫若塑像。这是件很有意义的工作，希你们认真组织落实。

中共中国科学院党组

一九八七年六月二十五日

抄送：中共安徽省委、国家教委

1987年6月25日,中共中国科学院党组关于同意建立郭沫若塑像的批复

档号:1987-WS-Y-52-1

首任校长郭沫若像

在建校三十周年之際，敬立郭沫若像，緬懷以郭沫若校長為首創建的中國科學技術大學之業绩。"郭沫若像"四字系鄧小平同志於一九八七年十一月二十八日親筆題寫。

嚴濟慈 題

一九八八年五月四日

1988年5月4日，严济慈关于邓小平题写"郭沫若像"的说明

在建校三十周年之际，敬立郭沫若像，缅怀以郭沫若校长为首创建的中国科学技术大学之业绩。"郭沫若像"四字系邓小平同志于一九八七年十一月二十日亲笔题写。

档号：1988-SW11-Y-1

附录

郭沫若与中国科学技术大学[1]

郁 文[2]

郭沫若是中国科学技术大学的创建者。他不仅是一位为共产主义事业奋斗终身的革命家，而且是我国文化战线上的一面光辉旗帜。他是著名的历史学家、文学家、考古学家、古文字学家，杰出的社会活动家。他担任校长近20年，工作中充分显示了他渊博的学识，深邃的办学思想。他热爱青年，对青年一代循循善诱，关怀备至，深受广大师生的衷心爱戴。

1956年初，根据社会主义建设的需要，国家制定了十二年科学技术发展远景规划，在全国掀起了"向科学进军"的热潮。为了实现科学技术现代化，首要任务就是要尽快培养出各种学科的专门人才，特别是国防建设和尖端科学技术方面的人才。在许多科学家的赞同下，身为中国科学院院长的郭沫若于1958年5月9日向党中央写出报告，建议由中国科学院创办一所大学。当时负责领导科技工作的聂荣臻副总理于5月21日批示："中国科学院拟办一所大学，我认为是可行的。昨与恩来同志面谈后，他也很赞成。"6月2日，经中央书记处会议讨论后，邓小平同志作了批示："书记处会议批准这个报告，决定成立这个大学。"接着，刘少奇、周恩来、陈云等领导人审核同意了书记处的决定。同年9月20日，中国科学技术大学在北京正式成立，国务院任命郭沫若为校长。

中国科学技术大学的成立，正如聂荣臻副总理在开学典礼上所指出的："经过很短的时间，在郭沫若院长的直接领导下进行了筹备工作，一个社会主义的新型大学——中国科学技术大学诞生了，这将是写在我国教育史和科学史上的一项重大事件。"创建中国科学技术大学的筹备工作仅花了三个月

① 本文原载于《教育与现代化》1992年第3期。

② 郁文(1918—2010),中国科大第一任党委书记。

时间。当时，招生在即，校舍、生源、教职员工、教学计划和后勤供应等一系列问题都迫在眉睫，亟待解决。校舍不足，郭老和当时任中国科学院党组书记的张劲夫副院长亲自奔波，筹借礼堂和宿舍；没有教师，郭沫若主持校务委员会聘请科学院一大批著名科学家任教；为解决招生问题，经报请中央批准，从各省、市当年的考生中为中国科大优先录取1600名品学兼优的学生入学。开学前，郭沫若陪同聂荣臻到校仔细察看了教室、实验室、运动场和宿舍，并且亲自为校歌作词，约请著名音乐家、全国音协主席吕骥为校歌谱曲，还一起教学生练唱校歌。

郭沫若在中国科大建设中强调要“在实事求是的基础上大胆创造，在大胆创造的风格中实事求是”，要求学生“不仅要创建校园，而且还要创建校风，将来还要创建学派”。中国科学技术大学的创建，本身就是大胆创造和实事求是的产物。创办中国科大有两个十分重要的决策因素：尽快填补国内新兴技术学科方面的空白和力量薄弱的专业；为国家培养急需的尖端科技人才。因此，当时中国科大设立的13个系和41个专业都是国内首次设立或少有的新兴学科专业。为实现培养高质量科技人才的目标，形成自己的特色，郭沫若积极主张实行“全院办校，所系结合”的办学方针，强调教学、科研结合和理工结合，重视基础理论教学，采用多种形式探索培养高质量人才的新途径。

按照社会主义的教育制度办学，坚持党的领导，继承抗大的优良传统，这是郭沫若自担任中国科学技术大学校长之日起就反复强调的。郭沫若亲自起草了在中国科大成立暨开学典礼大会上致辞的讲稿，并送周恩来总理审阅，周总理赞许地称之为办科技大学的“施政方针”。郭沫若明确指出党的教育方针是办校的根本原则，并用“三纲”、“五化”作了具体阐释和发挥。“三纲”的内容是：政治挂帅，党的坚强领导；勤工俭学，教学、研究和生产劳动相结合；抓尖端科学技术，为国家建设事业服务。“五化”的内容是：思想马列化；生活工农化；组织军事化；教学集体化；技能多面化。他还强调：“在社会主义建设事业中，党的坚强领导是占第一位的一条大纲。”“校长、教职员和全体同学都必须服从这个制度，服从党的领导，谁也不能例外！”“假使我们疏忽了思想教育，那我们就会犯严重错误，不仅学校办不出成绩来，连已有的政治水平都会降低，那是绝对不能允许的。”这些语重心长的教诲，今天重温起来仍有现实意义。

1959年开学典礼，郭沫若以《勤奋学习，红专并进》为题作了长篇讲话，将中国科大校风概括为“勤俭办学，艰苦朴素，红专并进，团结互助”，要求同学们坚决把抗大精神继承下来。他经常亲自给学生作报告，讲党和国家的方针、政策，谈形势及访问外国的观感，还常在校刊撰文对学生进行思想政治教育。一有机会，郭老便邀请党和国家领导人到校作报告。1962年6月26日，陈毅元帅到校作报告时曾幽默地说：“郭老两次写信邀我作报告，不能再推了，只得从命。”

郭沫若热爱党，对革命事业热情洋溢，1958年他加入中国共产党，特意在科大校刊撰文坦诚地表明心迹，表示要全心全意为人民服务，一息尚存，绝不停歇。同年，学校召开党代会，他代表校党委在党代会上致开幕词。在党内，他不以国家领导人和大学者自居，而总是以一个普通党员严格要求自己。他还言传身教，满腔热情地关怀青年一代的成长。新生入学，他深入学生宿舍问长问短，关怀备至。首届开学典礼结束后，郭沫若同学生一起就餐，晚上又参加文娱晚会并登台朗诵他的诗作。当时入学学生大部分是工农学员，经济上不充裕，入冬了，有的同学没有冬装，郭老和钱学森教授看了很同情，立即从稿费中拿出几万元钱给学生置办冬装。1960年春节，许多学生没有回家，郭老便到校和学生一起吃年饭，还发给每个学生一些“压岁钱”，使远离家乡和亲人的同学们感到格外温暖。为丰富学生的文体生活，郭老将他所创作剧本的首演票送给师生，还将国外友人馈赠的礼品转赠给学校。所有这些，充分体现了郭沫若悉心培育下一代的热切之心和无私奉献的高贵品质。

郭沫若治学严谨，办事认真，在中国科大的报告、演讲稿都亲自动笔起草。一次，《人民画报》拟刊登一篇介绍中国科学技术大学的文章，我将这件事同郭老说了，他竟亲手将文章写成，还给我写来便函：“郁文同志：《人民画报》需要的文章，我草拟了一篇，送上，请您斟酌。”通过这件小事可以看出郭老的谦逊和认真。还有一件事给我的印象特别深，一次郭沫若开完最高国务会议便赶到学校参加党代会。汽车启动时，大家才知道郭校长还没顾上吃午饭。此情此景，深深感动和激励着全校师生员工。

1977年10月，郭沫若再次被党中央任命为中国科学技术大学校长，直至逝世。逝世前，他将15万元稿费积蓄奉献给国家，用作中国科学技术大学奖学金，激励青少年勇攀科学技术高峰。

中国科学技术大学的师生员工没有辜负老校长的生前期望。进入新的历史时期后，学校各方面工作蓬勃发展，锐意改革，不断创新，取得了丰硕成果。1984年，邓小平同志称赞“科技大学办得较好，年轻人才较多”，学校被确定为“七五”期间国家重点建设的高校，最近又被确定为“八五”期间继续重点支持的学校。消息传来，我们这些曾经参与创办中国科大并在中国科大工作过的老同志们感到非常欣慰。同时，中国科大今天建设和发展的成就，也是对老校长郭沫若的最好纪念。

郭沫若的教育思想与中国科学技术大学的前进道路[1]

谷超豪[2]

今年11月16日是中国科大首任校长郭沫若同志诞辰一百周年，我们中国科大的师生无限缅怀我们老校长的伟大业绩和高风亮节。郭沫若校长是中国当代继鲁迅之后思想文化界的又一面旗帜。他不仅是一位杰出的科学家和文学家，而且是一位著名的政治活动家和教育家。郭沫若提议创办中国科学技术大学并担任校长20年，在办校方针、校风建设、学科发展、人才培养等方面有许多重要的思想和实践，充分体现了郭沫若作为一个杰出的教育家的远见卓识和非凡才华。建校35年来，我校广大师生不断继承和发展郭沫若校长的办学思想和实践，努力把中国科大办成具有中国特色的国内一流、国际知名的社会主义大学。

一

从20世纪50年代中期开始，毛泽东同志针对向苏联学习过程中出现简单照搬的教条主义现象，不断提出学习外国经验要同本国实际相结合，走自己的路。他指出："我们的教育方针，应该使受教育者在德育、智育、体育几方面都得到发展，成为有社会主义觉悟的有文化的劳动者。"1958年，毛泽东同志又提出："教育必须为无产阶级政治服务，必须同生产劳动相结合。"从此，我国开始探索如何创建具有中国特色的社会主义教育制度。

按照社会主义的教育制度办学，坚持党的领导，继承抗大的优良传统，这是郭沫若自担任中国科学技术大学校长之日起就反复强调的。郭沫若起草

① 本文原载于《教育与现代化》1992年第3期。

② 谷超豪（1926—2012），1988年2月至1993年7月任中国科大校长。

的首届学生开学典礼致辞曾送周恩来总理亲自审定，周恩来总理赞许这份“施政方针”。在这篇讲话中，郭沫若明确指出党的教育方针是办校的根本原则，并且用“三纲”、“五化”作了具体阐释和发挥。“三纲”的内容是：政治挂帅，党的坚强领导；勤工俭学，教学、研究和生产劳动相结合；抓尖端科学技术，为国家建设事业服务。“五化”的内容是：思想马列化；生活工农化；组织军事化；教学集体化；技能多面化。可以说，上述基本精神至今仍然应该坚持。在论述党的领导时郭沫若指出：“在社会主义建设事业中，党的坚强领导是占第一位的一条大纲。校长、教职员和全体同学都必须服从这个制度，服从党的领导，谁也不能例外！”他还强调要注重思想政治教育，并且一针见血地指出：“假使我们疏忽了思想教育，那我们就会犯严重错误，不仅学校办不出成绩来，连已有的政治水平都会降低，那是绝对不能允许的。”中国科学技术大学1958年入学的新生中，党、团员占84%，郭沫若对这点非常满意，说这是值得夸耀的，但同时也提醒大家不要自满，要在提高业务水平的同时不断提高自己的政治水平，加强思想锻炼。他告诫大家：“我们所需要的人才是社会主义的建设人才。因此，我们的学生不仅在科学技术上要有专长，而且在思想品质上也要端正。我们所培养出来的人才必须是工人阶级的红色专家。”

1959年开学典礼，郭沫若以《勤奋学习，红专并进》为题作了长篇讲话，指出学生必须要打好思想基础，在成为科学家之前必须首先成为社会主义制度下一个良好的公民。他还将中国科学技术大学的校风概括为“勤俭办学，艰苦朴素，红专并进，团结互助”，要求同学们坚决把抗大精神继承下来。

为了使学校能够有声有色地继承抗大的优良传统，郭沫若特意请抗日军政大学校歌作曲者吕骥为科大校歌谱曲，请抗大毕业生，中国科学院党组成员、副秘书长郁文同志担任党委书记，可见其用心良苦。郭沫若经常亲自给学生作报告，讲党和国家的方针、政策以及访问外国的观感，还经常在校刊撰文对学生进行思想政治教育。一有机会，郭沫若便亲自邀请党和国家领导人或有关方面领导、专家、英雄模范到校作报告。1962年6月26日，陈毅元帅到校作报告时曾幽默地说：“郭老两次写信邀我作报告，不能再推了，只得从命。”

由于自建校初就形成了坚持社会主义方向，继承抗大精神，重视思想教育，教师为人师表，学生勤奋学习、红专并进的优良传统，在我校毕业的2万余名学生中，绝大多数德才兼备，成为科学院各所和国家其他部门、单位的业务骨干，有的还走上了重要领导岗位，为发展经济和振兴科技事业作出了积极的贡献，有3名毕业生已当选为学部委员（50岁以下学部委员全国共12名）。95%的毕业生扎根祖国大地，为中华腾飞而奋力拼搏，他们以对祖国和人民的积极贡献为科大赢得了声誉，同时也证明中国科大34年的办学是成功的。

在不断深化改革的办学实践中，学校重视党的建设和思想政治工作，始终坚持社会主义办学方向。特别是近年来，学校根据国内外形势发展的需要，加强了思想政治工作队伍建设，改进了思想政治工作，把社会主义教育与爱国主义教育结合起来，把集体主义教育与人生观教育结合起来。同时开展了广大师生参加的生动活泼的建校劳动、社会实践、评奖评优、法制教育、校纪教育及健康的文娱活动等，形成了广大师生重视公德、奋发向上的良好局面。特别是这两年在国际政治形势的风云变幻中，全校师生在政治上始终与中央保持一致，经受住了严峻的考验。

长期以来，我们一直把校风的建设作为学校的一项基本建设来抓，使郭老倡导的优良校风代代相传，形成良好的育人环境。为了继承和发扬郭老倡导的优良校风，1980年起，学校设立“郭沫若奖学金”，奖励品学兼优的学生，鼓励广大青年学生献身科学事业，为实现祖国“四化”努力攀登科学高峰，迄今，已有11届217名本科生和研究生获得这种荣誉。学校还设有张宗植奖学金、亿利达实验科学奖学金等13种奖学金，以鼓励那些在相应领域的优秀学生脱颖而出。广大教职工言传身教，鼓励青年学生努力进取，献身祖国，献身科学。学校经过多年建设，环境幽雅，学术空气浓厚，学生勤奋学习的传统一直得以保持。学校还坚持从严治校，坚持教育与管理相结合，开展创建优良班级、评选文明宿舍等活动，加强学风建设和校园环境的综合治理，使道德文明、奋发进取在全校蔚然成风。

二

中国科学技术大学是在以郭沫若为院长的中国科学院各研究所通力支持下建成的。“全院办校，所系结合”的办学方针的实施，改变了我国过去办教育的单一的传统模式，开创了我国教育史上的一个先例。在郭沫若等人主持下，中国科学院群策群力，所系之间对口合作，有关研究所所长到校兼任系主任，许多著名科学家纷纷到校讲课和开展合作研究。建校初期，中国科学院每年到校讲课的科研人员达300多人，严济慈、华罗庚、钱学森、吴有训、马大猷、贝时璋、柳大纲、赵九章、钱三强等一批国内颇有声望的科学家亲自登台授课。华罗庚、柳大纲、施汝为直接主持了数学、普通化学、普通物理教学大纲的制定和教材审定工作，力量雄厚、阵容严整的教师队伍，使得中国科学技术大学一诞生就以人才荟萃、群星灿烂而闻名全国。学校同科研机构的密切结合，既沟通了科学研究与教育的紧密联系，同时也丰富了教学内容，提高了学术水平。学校还安排高年级学生到研究所参加科研工作和完成毕业论文或设计，利用科学院雄厚的指导力量和先进的实验设备等优势，使学生在校期间就能接触到一些前沿学科和受到科学研究的实际训练，而且活跃了学术思想。

学校下迁合肥后，我校以中青年为主体的教师队伍在艰苦环境中逐步成长起来，可以独立承担教学和科研任务。在新的形势下，学校仍坚持“全院办校，所系结合”培养人才的方针。最近几年到校兼课的研究人员每年约200人，受聘兼职的有100多人，教师和所里的研究人员合作进行科研工作，高年级学生继续到研究所参加科研工作和做毕业设计或论文。近几年又探索出新的所系结合形式：中国科学技术大学北京研究生院为中国科学院各所研究生上基础课，然后学生回到研究所做论文；合肥研究生院为各所代培研究生。学校每年召开各所教育部门负责人会议，以了解各所对人才的需求，优先选送优秀本科生和研究生到各所深造或工作。另外，学校与上海、南京、合肥分院组成“三院一校”协作组，经常共同探讨人才培养，加强横向协作，为国民经济多作贡献的问题。目前我们正在与有关分院和所探索合作建立相应的研究生培养机构，使我校真正成为科学院为国家培养人才的基地。

中国科大的实践证明，“全院办校，所系结合”这一方针是我校赖以迅速发展和成长的重要方针，也是中国科学院培养青年科技人才的一条行之有效的方针。它充分体现了中国科学院办大学的特色和优势，也是中国科学院对中国高等教育一次成功的探索，在我国教育史上实为独树一帜，影响深远。

目前，根据改革开放形势的发展，我们在贯彻“全院办校，所系结合”方针的同时，也进一步加强了与大中型企业、高技术企业集团的紧密联系，鼓励与沿海及开发区的企业集团联合建设校外教学科研基地，联办产、学、研联合体，使人才培养、科研、开发工作更好地适应经济建设的需要。

三

理工分家，过分强调学生的专业知识而轻视基础理论教学，是20世纪50年代我国高等教育照搬苏联模式的一大弊端。中国科学技术大学建校伊始，郭沫若召集系主任会议，讨论决定在专业设置上实行理工结合，向科学与技术更加紧密结合的理工科大学模式发展。鉴于现代科技飞速发展，多种学科相互交叉渗透，边缘学科和新技术不断涌现的情况，郭沫若决定不采取苏联物理工程学院的做法，而是首先注重培养学生宽厚扎实的基础和熟练的实验技能。他主张从基础课抓起，因为基础科学是尖端科学的科学基础，只有把基础课学好，进入专业学习才有一定的根底。在讨论基础课课程设置时，郭沫若赞成除数、理、化外，学生一定要精通一至两门外语。当时国内许多大学还未这样做，而郭沫若则力排众议，坚决主张将外语列入基础课。从此，中国科学技术大学五年学制中用三年半时间讲授基础课程，给学生提供一些最基本的理论、方法和技能，使毕业生具有基础宽厚扎实、视野开阔、适应性强和后劲足等优点。

关于尖端与基础的关系，郭沫若作了精辟的分析和阐述。什么是尖端？他说：“为了适应国家建设的需要，中国的科学技术事业必须一是向高层突破，一是向全面铺开，这样一纵一横的科学技术研究都是我们所说的‘尖端’。”他还认为：“搞尖端科学必须有深厚的基础。没有深厚的基础高层突破的尖端是建立不起来的。”因此，郭沫若要求全校学生“都要成为多面手，不仅要掌握尖端，而且要有深厚的基础，广博的知识，丰富多彩的技能”。尖端科学的基础是什么呢？郭沫若将其分为思想基础、科学基础和语文基础（即中国语文和外国语文基础）。值得指出的是，郭沫若除要求学生学好外语，以至在高年级直接用外语试行讲课外，还希望理工科学生也要重视中国语文的学习。他常告诫学生：“譬如你们将来要著书立说或者讲学座谈，总要能说会写，才能把你们的学识传播给别人。外国的科学家，特别是法国科学家，每每长于文笔。我们中国的科学家，似乎有点两样，往往不善于写作。我觉得这是缺点。我建议：我们年轻的科学家应该懂点文学，而年轻的文学家应该懂点科学。”在这方面，集科学家和文学家于一身的郭沫若本人堪称楷模，他的史论、考古、文字学等科学论著，既博大精深又文彩横溢。

由于郭老的倡导，中国科大一贯重视基础理论教学和实验技能训练，重视学生的能力培养。

建校初期，严济慈、华罗庚、吴有训等著名科学家亲自讲授基础课和抓实验技能的训练。1977年恢复高考制度后，我校很快就恢复并重建了全校性基础课教研室，大力投资完善基础教学设备，在全校范围内挑选学术水平高、教学经验丰富的教师讲授基础课。教研室经常进行观摩教学，交流经验，开展教学方法的探讨和研究，把最新的科研成果和学术思想及时渗透到基础教学内容中去。1980年以来，学校还陆续开设了“大学语文”、“科技写作”、“现代汉语”等人文学科课程。

学校在教学管理上既严格要求，又机动灵活，一切从调动学生学习的积极性和加强学生各种能力的培养出发。学校于1980年实行学分制，同时实行免修、选修、跳级和提前报考研究生等办法，以便学生超前学习和开阔视野。学校试行导师制，因材施教，对冒尖学生单独拟订培养计划，鼓励学生充分发挥自己的才能。学校鼓励学有余力的学生尽早参加教师的科研活动，还设立学生科研专项费用，开放一部分实验室供学生用。

中国科大十分重视基础课教学和采取一系列比较灵活的措施鼓励学生冒尖，1977级以来，考取研究生的比例平均在60%以上，考取CUSPEA共219名，占全国总数的23.6%。在全国历届四级、六级英语考试中，我校成绩一直领先。用人单位普遍反映我校学生基础宽厚扎实、视野开阔、适应性强、

“后劲”足，有较强的创造力，即使在分配时专业不太对口，也可以尽快地适应新的领域。

四

中国科学院创办中国科学技术大学时有两个十分重要的决策因素：尽快填补我国高等院校专业设置的空白和加速培养国家急需的尖端科技人才。

郭沫若校长等中国科大的创建者在20世纪50年代末酝酿建立这所大学时，首先考虑的就是针对中国在开发利用原子能和空间技术方面的学科空白、技术薄弱的现状而设立专业。当时设立的13个系41个专业都是国内首次设立或少有的薄弱的新兴技术学科专业。此后，在专业设置和更新方面，我校继续保持创办时期的思想。60年代，激光专业刚兴起不久，我校就设立了激光专业。70年代，等离子体物理学在国际上日益兴盛起来，我校很快就调集力量设置了等离子体专业。自1978年以来，陆续恢复和增设了计算机科学技术系、科技管理和科技情报系、经济管理和系统科学系等新兴技术学科与边缘学科，向科学与技术更加紧密结合的理工科大学模式发展。目前共设有18个系，42个硕士点，21个博士点；5个学科13个专业设博士后流动站；4个国家重点学科；还设有研究生院（合肥、北京）、管理学院、高技术学院和科技开发院。

中国科大始终把培养高质量的科技人才作为自己努力奋斗的目标。我校毕业的学生在学科门类和质量上都适应了国家的需要，绝大多数已成为科学研究工作中的骨干力量。例如，在我国研制原子弹、人造卫星和洲际火箭以及人工合成胰岛素、丙氨酸转移核糖核酸和超导研究中，都有中国科大的毕业生参加。

同时，学校也注重教学与科研的结合，按照教学、科研中心的建设目标，在搞好教学的同时，积极开展科学研究，取得了一批国际水平的科研成果，尤其在基础研究方面显示出雄厚的实力。1989年，我校超导研究中心研制成功零电阻温度为132K的超导新材料，表明我校在超导研究中达到世界先进水平。自立更生建立了可调谐万兆瓦激光器。1991年12月，同步辐射实验室顺利通过国家鉴定和验收并正式对外开放，这一国际先进水平的科研成果标志着我国加速器研制技术已跃入世界前列。这一工程在开始时，研制者是一支平均年龄为38岁的年轻科技队伍。根据中国科技情报研究所公布的“学术榜”，我校在国际上发表学术论文数一直名列国内高校的前三名。学校还形成了26个在国内有特色并能进行对等的国际学术交流的学科方向。1978年以来，学校共取得重大科研成果450多项。近年来，学校在继续重视基础研究的同时，积极进行高技术跟踪并把主要研究力量转向国民经济主战场，调整了科研布局，大力加强科技开发工作，发展与大庆油田、中国石化总公司及宝钢等大、中型企业的全面合作关系，科研和开发工作不断发展。

五

中国科大具有学术气氛浓、年轻人才多的特点，这与郭沫若校长在创建初期倡导的民主作风是息息相关的。郭沫若鼓励不同学派并存，提倡各种学术观点的自由争鸣，校内学术空气浓厚而活跃。

学校自1970年下迁合肥，客观情况促进了我校中青年教师的迅速成长。此外，学校坚持以党的“双百”方针指导教学科研，保持了学术流派纷呈、青年人才辈出的优良传统。学校领导明确指出：中国科大应成为年轻人才大显身手的舞台，学校放手让中青年教师挑重担，让他们担任主讲教员或科研项目主持人，破格提拔年轻优秀的教师为副教授、教授，并为他们创造较好的工作、生活条件和学习的机会，从而形成了一支基础扎实、年富力强、思想活跃、奋力拼搏的教师队伍，涌现了一批中青年学术骨干和学术带头人。目前，学校教师中中青年教师占80%以上，190名教授的平均年龄为52岁，比其他重点大学教授的年纪小5～7岁。

在改革开放的新形势下，学校在鼓励教师把事业的根扎在祖国大地的同时，支持教师面向世界，不断吸收国外最新成果。学校规定，留学归国人员在完成本职工作且条件许可的前提下，根据工作需要，可以很快再次出国。我校先后派出教师1000多人次到19个国家讲学、进修、访问，目前85%教师都已学成回国，并在教学、科研、管理岗位上发挥着骨干作用。广泛的国际学术交流，对我校教学内容的更新，科研水平的提高，对学校培养人才能力的增强，与先进国家差距的缩短起到很大的促进作用。

六

在中国科学技术大学成立暨开学典礼大会上，郭沫若满怀信心地说："我们的学校是新建立起来的，前无所承，缺乏经验，这是我们的缺点，但也正是我们的优点。毛主席说过：'一张白纸，没有负担，好写最新最美的文字，好画最新最美的图画。'我们的学校如果可以说像一张白纸，就请把它办成最新最美的学校吧！"郭沫若在中国科大建设中还反复强调要"在实事求是的基础上大胆创造，在大胆创造的风格中实事求是"，要求学生"不仅要创建校园，而且还要创建校风，将来还要创建学派"。正是在这种开拓创新思想指导下，中国科学技术大学问世后便以其独具特色的崭新风貌而跻身于著名高校之列。

中国科学技术大学的创建，本身就是大胆创造和实事求是的产物。郭沫若等中国科大的创建者在办学方针、专业设置、人才培养、学风建设等方面采用多种形式积极探索培养高质量人才的新途径，并积累了许多成功的经验。

党的十一届三中全会以来，学校大胆改革，锐意进取，努力培养高质量的优秀拔尖人才，为国家经济建设和科学发展作出了贡献。学校从创办开始就提出了科学与技术结合、教育与科研结合的思想，力求对传统的高等教育模式进行改革和创新。1977年在全国率先提出恢复高考招生制度，后又创办我国第一个研究生院。1978年创办少年班，至今已招生16期554人，毕业的390名学生中72%考取了国内外研究生，并有50多人获得了博士学位。实践证明，少年班学生德、智、体全面发展，是一种早出人才的很有意义的尝试。目前，学校正总结经验，继续完善超常教育体系。学校强调基础教学，坚持按系招生。本科生生源质量一直在全国名列前茅。在本科生培养中，为了拓宽学生知识面，增强适应性和竞争能力，从1985年起，开办了不分系科专业的"零零班"。同时设立主辅修和双学位制，培养复合型人才。1990年，又在非线性科学联合研究组基础上，从有关系选拔优秀学生，举办"非线性科学高年级试点班"，从事跨学科培养，以立足国内，造就从事基础性研究的攻坚人才。1992年开始，学校又在数学、物理两个学科试行"四二三学士、硕士、博士分流培养制"，探索理科人才分流培养的新途径。

最近，全校上下正在讨论我校深入改革的方案，邓小平同志的南方谈话极大地鼓舞了全校师生，大家思想更加解放，精神更加振奋，决心抓住有利时机，同心同德，团结奋斗，在教学、科研、开发、管理等方面加快改革步伐，作出新的成绩，迎接经济建设和科技发展的新形势。

郭沫若提议创建中国科学技术大学并历任校长达20年之久，对中国科大的影响是深远的。郭沫若对党的教育事业的热忱、卓越的办学成就以及他的工作作风和崇高品德，使他的名字和中国科大的历史紧密地联系在一起。

郭沫若生前常说："青年，是人类的春天。"他总是满腔热情地关怀青年一代的成长。中国科大在北京时，他与师生们朝夕相处，言传身教。1969年底，中国科大下迁安庆，接着又辗转迁至合肥。郭沫若虽年高体弱不能南行，但每逢学校重大庆祝和纪念活动，他都要发电抒怀，寄托思念关切之情。1977年8月，在邓小平同志"一定要办好科技大学"的指示下，中国科学院在北京召开中国科学技术大学第一次工作会议。会议期间，郭沫若正卧病住院，但他仍重新审定了中国科大校歌，还特意从医院赶到会场与代表座谈，为学校题词"忠诚党的教育事业"。1977年10月，郭沫若再次被党中央批准任命为中国科学技术大学校长，直至逝世。逝世前，他将15万元稿费积蓄奉献给学校，用作中国科学技术大学奖学金。

1988年，中国科大建校30周年之际，为了纪念郭沫若校长，学校建了郭沫若铜像，由邓小平同志题字，严济慈名誉校长书写了题字说明。校友们捐建了郭沫若倡导的校风纪念碑。每个学生离校前都怀着依依惜别的心情到郭老的铜像和校风纪念碑瞻仰、留影。郭老那不倦的身影、慈祥的笑容、谆谆的教诲将永远铭刻在中国科大师生心中，激励着我们去奋进、去攀登。

令人欣喜的是：郭沫若校长倾注心血的中国科大一直受到中央领导的高度重视和亲切关怀，1984年被列入国家"七五"期间重点支持的高等院校，如今又被列入国家"八五"期间重点支持的高等院校。在广大师生的不懈努力下，它已成为一所在国内外有影响的"年轻人才较多"的著名大学。在科学技术是第一生产力的今天，中国科大深知肩负的重任，决心发愤图强，以生机勃发的英姿朝着具有中国特色的国内一流、国际知名的社会主义大学目标努力奋进，要为振兴经济、为中华民族跻身世界发达民族之林而作出新的贡献。

郭沫若生平大事记

- 1892年11月16日，出生于四川省乐山县沙湾镇一个地主兼商人的家庭，学名开贞。
- 1897年，在家塾“绥山山馆”读书。
- 1906年春，入乐山县高等小学学习。
- 1907年夏，升入乐山县中学堂。
- 1910年春，转入四川官立高等分设中学堂。
- 1911年，回乡组织民团响应辛亥革命。
- 1913年底，在长兄郭开文的资助下赴日本留学。
- 1914年7月，考入日本东京第一高等学校医学专业特设预科。
- 1915年秋，入日本冈山第六高等学校医学部。
- 1918年，参加留日学生罢课，抵制签订“二十一条”。
- 1918年夏，升入日本九州帝国大学医学部。
- 1919年夏，与留日同学响应五四运动，组织抵日爱国社团夏社。
- 1921年6月，与成仿吾、郁达夫等留日青年，组成了中国新文化运动有影响力的文学社团之一——创造社。
- 1923年春，自日本九州帝国大学医学部毕业，获医学学士学位。
- 1926年7月，投笔从戎参加北伐，被任命为国民革命军总政治部副主任。

- 1927年3月，“四一二”事变前夕，撰写《请看今日之蒋介石》，痛斥蒋介石背叛革命，因此受到通缉。
- 1927年8月，参加八一南昌起义，任国民革命委员会主席团成员、起义部队总政治部主任。撤退途中由周恩来、李一氓介绍加入中国共产党。
- 1928年2月，为躲避国民党政府缉捕，离开上海赴日本。
- 1930年3月，所著《中国古代社会研究》出版，这是中国马克思主义史学的开山之作。
- 1934年春，东京中国左翼作家联盟分盟秘密成立，经常参加分盟的活动并常和留日青年在家中座谈。
- 1937年7月，抗日战争全面爆发，归国参加抗战。
- 1937年8月，主办上海文化界救亡协会机关报《救亡日报》；组织战地服务团赴前线劳军。
- 1937年11月27日，因上海失守而离开上海，到香港、广州活动。
- 1938年1月，抵武汉，组建国民政府军委会政治部第三厅，4月就任厅长，开展抗日宣传、国防动员、敌情研究。
- 1939年，率国民政府军事委员会政治部第三厅撤退至重庆。
- 1944年春，完成论著《甲申三百年祭》，被中共中央定为整风学习文件。
- 1946年1月，出席政治协商会议。
- 1946年夏，离重庆抵上海；赴南京参加国共和谈。
- 1948年，因考古学领域的成就，当选为第一届中央研究院院士。
- 1948年末，赴东北解放区，筹备新政协会议。
- 1949年新中国成立前夕，当选中华全国文学艺术工作者联合会主席、中国人民政治协商会议副主席。

- 1949年10月2日，任中国保卫世界和平大会委员会主席。
- 1949年10月19日，任政务院副总理兼文化教育委员会主任。
- 1949年11月1日，中国科学院在北京建院，任院长。
- 1951年12月，获“加强国际和平”斯大林国际奖。
- 1953年6月，当选第二届中国文联主席、匈牙利科学院名誉院士。
- 1954年5月，当选为波兰科学院院士。
- 1954年9月，当选全国人民代表大会常务委员会副委员长。
- 1955年6月，当选中国科学院学部委员，任哲学社会科学学部主任。
- 1956年，任国务院科学规划委员会副主任、中央推广普通话工作委员会副主任。
- 1957年11月，参加毛泽东率领的中国代表团前往苏联参加十月社会主义革命四十周年庆祝典礼。
- 1958年初，根据钱学森、郭永怀等著名科学家提出的创办一所专门培养前沿尖端科技人才的大学的建议，时任中国科学院院长的郭沫若赞同利用中国科学院的自身优势，创办一所有别于传统模式的新型大学。
- 1958年6月8日，主持召开中国科大校筹委会第一次会议，担任筹委会主任委员。会议决定学校名为“中国科学技术大学”，实行“全院办校，所系结合”的办学方针，并通过了建校方案、系科设置和1958年招生简章。
- 1958年，中国科大开学前夕,亲自起草校歌歌词,请全国音协主席吕骥为校歌谱曲,并广泛征求意见。
- 1958年9月17日，向周恩来总理汇报中国科大开学典礼致辞内容，周恩来说：“可以，是施政方针了。”

- 1958年9月19日，与中国科大全体学生见面，请校歌作曲者、全国音协主席吕骥一起教大家唱校歌《永恒的东风》。

- 1958年9月20日，在中国科大成立暨开学典礼上作题为《继承抗大的优秀传统前进》的致辞，满怀信心地说道:“我们的学校如果可以说像一张白纸，就请把它办成最新最美的学校吧!”

- 1958年9月24日，经国务院全体会议第80次会议通过，被任命为中国科学技术大学校长。

- 1958年10月22日，经中宣部任命，兼任中国科学技术大学校长。

- 1958年，当选为苏联科学院院士。

- 1959年4月8日，在《发扬五四运动的光辉传统》一文中强调，要想不断夺取并创造科学的最高峰，必须进一步坚决地接受党的领导，灵活地运用马克思列宁主义。

- 1959年4月15日，在中国科大第一次党代会上致开幕词。

- 1959年5月4日，在五四运动四十周年之际，为中国科大学生题词，鼓励大家创造科学的更高峰。

- 1959年5月，亲自为《人民画报》撰写《中国科学技术大学介绍》，宣传推介中国科大。

- 1959年5月，创作的历史剧《蔡文姬》在北京人民艺术剧院首演，把票分发给中国科大学生们，让他们先睹为快。

- 1959年9月8日，在中国科大新生开学典礼上作题为《勤奋学习，红专并进!》的致辞，要求学生必须要打好思想基础，在成为科学家之前必须首先成为社会主义制度下的一个良好的公民，并希望中国科大人“勤俭办学，艰苦朴素，红专并进，团结互助”。

- 1960年春节，将《沫若文集》的版税2万元捐给中国科大，用于补助生活困难的学生。

- 1960年8月，当选第三届中国文联主席。
- 1960年8月31日，在中国科大新生开学典礼上作题为《实事求是，自力更生，勤奋学习，大胆创造》的致辞，鼓励学生努力学习，成为红色专家，为国家建设服务。
- 1960年11月，在给中国科大1959级7系学生刘凌霄的回信中鼓励他努力学习，勇攀科学高峰。
- 1961年5月1日，“五一”劳动节，与郁文、严济慈和华罗庚等一起在中国科大操场上观看学生们的精彩表演。
- 1961年10月20日，到中国科大作报告，希望全校人员听党话，发扬“三八”作风，继承抗大的优良传统，鼓励大家认真做到“三好”，即身体好，学习好，工作好。
- 1962年10月6日，在与中国科大1962级新同学见面会上，鼓励同学们要听毛主席的话，听党的话。
- 1963年春，为时年33岁的中国科大校务委员会成员龚昇同志题写两幅字。
- 1963年7月11日，写信邀请聂荣臻参加中国科大首届毕业典礼。
- 1963年7月14日，在中国科大首届毕业典礼上致辞，希望同学们始终保持着学生的态度，继续不断地勤奋学习，红专并进。
- 1963年9月，在中国科大新生开学典礼上致辞，鼓励大家要有雄心壮志，真正成为科学战线上雷锋式的尖兵。
- 1964年11月，给中国科大学报题写发刊词和刊名，并写道：“发刊词稿请大家酌改。不可用就不必用。”
- 1969年，当选第九届中共中央委员。

- 1972年，当选第十届中共中央委员。
- 1977年8月,在中国科大第一次工作会议期间，与会议代表座谈，并为学校题词“忠诚党的教育事业”，鼓舞广大教师热爱教育、热爱教学、热爱学生。
- 1978年春，抱病出席全国科学大会开幕式。
- 1978年6月12日，在北京逝世。